林　直哉＋松本美須々ヶ丘高校・放送部

HAYASHI Naoya+Matsumoto misuzugaoka kôkô-hôsôbu

高校生が追った松本サリン事件報道、そして十年

ニュースがまちがった日

もくじ◉

第三章　メディアの特性を知る——ビデオ証言集づくり

本書に登場する記者・報道関係者のインタビューは、長野県松本美須々ヶ丘高校放送部が取材した音声テープとビデオをもとに、趣旨を変えずに文章を整え、読みやすく編集した。内容についてはできうるかぎり関係者・関係機関に確認をいただいた。所属・肩書きはすべて当時のものである。

プロローグ　松本サリン事件発生

一九九四年六月二十七日深夜、松本サリン事件は起こった。

長野県松本市北深志《ふかし》、松本城から北に五百メートルほど離れた閑静な住宅街で、裁判所の官舎をふくむアパートや民家など数十世帯が、「サリン」と推定される化学物質の散布に襲われた。

住民は目のまえが暗くなる「縮瞳《しゅくどう》」や呼吸困難などの症状を訴えてつぎつぎと倒れ、救急車で病院に運ばれた。「サリン」は第二次世界大戦中ドイツ軍が、また最近ではイラクがクルド人殲滅に使用したといわれているが確かではない。いずれにしても、神経を麻痺させる有機リン化合物である。この事件の被害者は、死亡者七人・入院患者五十六人をふくむ五百九十人あまりに達した。二十八日早朝にかけて閑静な住宅地は地獄絵と化し、翌朝、路上や庭先には小鳥や飼い犬などの死骸があちこちに、池には魚やザリガニが浮いていた。

学校の目と鼻の先で事件は起こった

いまからちょうど十年まえになる一九九四年六月二十八日、松本サリン事件発生の翌朝、私は職場である松本市内の高校に続く山道を急いでいた。松本市の隣村に住んでいた私は、国道の渋滞を迂回するために、毎日この山道を車で通っていた。

「先生、ガス漏れみたい。すごい人とテレビカメラだった」と、この日朝刊もテレビも見ていなかった私に、発声練習をしている放送部員が現場のようすを教えてくれた。通学途中に見てきたようだ。その上空を、けたたましい音をたててヘリコプターが通過していった。

私は当時、松本美須々ヶ丘《みすずがおか》高校に勤め、放送部の顧問をしていた。職員朝会のないこの学校では異例の臨時の職員朝会が招集され、「生徒数名も軽い被害にあっているらしい」と報告があった。事件は松本美須々ヶ丘高校から直線距離で約一キロメートルしか離れていない、ほんの目と鼻の先で起きていた。

その日は、ガス漏れなどさまざまな憶測が飛びかった。なかでも、事件発生地が第二次世界大戦時に陸軍の駐屯地だったことから「旧日本軍の埋めたガス弾から漏れた毒ガスでは」とか、松本市内で「七三一部隊写真展」が開催されていたことから「七三一部隊と関係した事件では」などという噂がまことしやかに語られた。これらの憶測が事件を不可解にしていった。

私はこの時期、県内約三万五千人の高校生が鑑賞する松山バレエ団の「くるみ割り人形」（オーケストラの演奏版）の事務局をきりもりしていた。二十八日は、長野市から移動して、松本美須々ヶ丘高校のすぐ裏にある県松本文化会館で公演が始まる日だった。私は会館と高校を往復しながら、楽屋のテレビで事件のニュースを見ていた。状況はそうとう混乱しているらしく、翌日（事件の二日後）に私たち事務局がセッティングしていた、松山バレエ団の清水哲太郎さんと森下洋子さんの記者会見は中止せざるをえなかった。取材キャンセルの連絡をくれた記者もいたが、ほとんどの記者からは連絡すらなかった。

農薬調合ミス？　被疑者不詳の家宅捜索

二十八日夜、「被疑者不詳のまま殺人罪で家宅捜索」と、ものものしい捜索のようすがテレビのブラウン管から流れていた。断続的なニュース映像のなかで、耳慣れない「被疑者不詳」という言葉が、さらにこの事件を不可解にした。「容疑者はわからないが、殺人の疑いで第一通報者である会社員の自宅を捜査する」。簡単な言葉に言い換えてみても、これでは会社員が犯人のようだと言っているも同じだ、そう思いながら、私はニュースを見ていた。

多数の死者をだし、無差別に一般市民を巻き込んだ事件だけに、世論は早く犯人を捕まえてほしいと思っている。それに応えるかのような、警察と裁判所の早い対応だった。いくら「被疑者不詳」といっても、警察は確証があるから家宅捜索に踏みきったのだろう、これで事件は数日後に解決するだろうと思い、テレビのスイッチを切った。多くの人たちはそう思ったに違いないし、私も同じだった。そして翌朝二十九日の新聞は、つぎのような見出しで記事を書いている。

「第一通報者宅を捜索　調合『間違えた』　救急隊に話す　薬品類を押収」(毎日新聞)

「会社員宅から薬品押収　農薬調合に失敗か　松本ガス中毒」(朝日新聞)

「住宅街の庭で薬物実験!?　松本ガス事故　押収薬品『殺傷力ある』」(読売新聞)

私は「なんだ！」と思った。「誤って農薬をまちがえて混ぜた」ミスならば、少なくとも殺人ではない。さらにテレビは、農薬調合に使われた薬品が「スミチオン」であると報じた。画面に映しだされた「スミチオン溶剤」のボトルは、どこでもだれでも買える農薬であり、少し園芸に関わっている人なら知っている、アブラムシなどの害虫駆除に散布する農薬だ。私の家にも置いてあった。「スミチオン」で疑いをかけるなら、だれでもこの事件の被疑者になる。

この時点であきらかだったことは「第一発見者である会社員の庭、またはその近くでなんらかの毒物が発生した」ことでしかなかったはずだ。私が「おかしい」と感じはじめたのは、この「スミチオン」の報道があったときだった。その後、押収された薬剤のなかに「シアン」があったと報道されたが、それでもマスメディアを通じて伝えられる情報には違和感があり、私たちの目と鼻の先で起こった事件として「私たち自身が感じている肌感覚」と報道とのあいだには、ギャップがあるように思えてならなかった。しっくりこなかった。

そんな思いを放送部員と共有するところから、長く曲がりくねったこの教育実践が始まった。

第一章
もうひとつの学校
――放送部、ニュースを追う

写真提供：中日新聞

一……朝から晩まで協働クラブ

さて、この実践記録を読み解いていくには、まず、事件発生当時、松本美須々ヶ丘高校放送部がどのような活動をしていたか、顧問である私がどのような関係で関わっていたかを少し説明しておく必要があるだろう。

私は一九八六年から大町北高校（長野県大町市）で放送部の顧問になって以来、生徒会と連携しながら、校内メディアとして、文化祭や卒業式など、特別活動において固定観念にとらわれない「学びの場」をつくりあげていくことに力を入れていた。「生徒と教師がたがいの特性をいかしながら協働していく」と言えばかっこいいが、従来型の顧問と部員というよりは、人と人が対峙しあうような実践を求めて展開していた。

それは、とことんつきあって制作の過程を共有しながらおこなう、そうとう踏み込んだ協働作業だった。その点から言うと、「生徒とその生徒を指導するクラブ顧問」というイメージとは異なるかもしれない。生徒と教師で「場」をつくっていくという感覚に、私は大きな可能性を感じていた。生徒に言葉でいくらいいことを言ったとしても、受け入れてもらえなければ何も変わらない。いまは、その言葉が通じない。意欲を失ってみえる子どもたちにとって「試行錯誤と体験をベースにした場」にこそ、「学び」が起こり、その「学び」を構成している人に染みていく「共通言語」が生まれていくと考えていた。そこでの実践によって生まれるコミュニティ、「放送部や生徒会」には学校を変える力があると実感していた。

放送部の顧問としては松本美須々ヶ丘高校は二校めであり、この高校でも放送部を軸にし、生徒の自主活動で学校という空間が活気づくような教育実践を仕掛けたいと思っていた。このとき私が活動のキーワードとしていたのは、「教育とメディア」だった。

放送部は「もうひとつの学校」

松本美須々ヶ丘高校は、松本市の北に位置し、信州大学のキャンパスに隣接した小高い丘の上にある。九四年当時は一学年九学級、全校生徒は約千百人規模で、少し女生徒のほうが多い、クラブ活動の盛んな学校だった。

もともと松本市立の高校だったが、戦後火災にあい、県立への移管が検討される。県立移管の条件となった体育館は市民の寄付で建築され、完成とともに県立高校として再スタートをきった。その当初から放送部（当時は放送委員会）の活動は盛んで、当時貴重だったオープンリールのテープレコーダーをリヤカーに載せて地域の行事を記録していたという。私が赴任したときも、朝と昼の定時放送は欠かすことなくおこなわれ、行事では拡声装置の準備などを生徒が自主的におこなっていた。

放送部の活動は、大きく分けて三つ。一つめは毎日の朝・昼の定時放送。約三十分間の昼の放送は音声放送として、校内ニュース、新聞や雑誌から再構成した高校生に関係する情報コーナー、曜日ごとに決めたテーマに従って取材する録音構成番組で構成され、年間約百八十日、定時放送を送りだしていた。これだけでもけっこうな活動量となる。

加えて二つめの柱は、さまざまな放送コンテストへの参加。一般にはあまり知られていないが、高校放送部にとってコンテストは、運動部にとっての県大会やインターハイのようなものだ。NHK杯全国高校放送コンテストを軸にしながら、そのほかのコンテストにも応募していた。コンテスト関係の作品だけで年間に十五本ほど制作していた。

そして三つめは、ステージ系の学校行事の取り組みである。とくに文化祭開祭式、卒業式、入学式などステージを使った行事を関連づけて、生徒が実感をもって参加できるステージにつくりあげる実践を展開していた。この活動はおそらく松本美須々ヶ丘高校放送部の大きな特色だったと思う。記録したビデオ、日々磨いてきた「話す」技術などを駆使して、ひとりの取り組みをみんなで共有し「共感」を生みだすステージをつくりあげ、行事のみならず生徒たちをも活性化させた。

これらの活動は、授業が終わる四時から夜の十時ごろまで毎日続く。コンテストや文化祭まえには、深夜・早朝の帰宅も珍しくはなく、保護者の要望で一か月間合宿所を借り、いつ泊まってもいいように準備しておく季節もある。校内の先生からは「まさに全日制《ぜんじつせい》だね」とからかわれた。昼も夜もなく活動するから「全日」なのだそうだ。校則も制服もなく、ひじょうに自由な校風を特色とする高校だからこそ、このような型破りの活動が可能だった。

この超多忙な活動を通じて彼らは育っていく。そこに発生する「学び」は、机上のそれとはひと味もふた味も違う。「放送部は『リーダーではなく、シーダー（種蒔く人）』であり、感動の種を蒔き、そして、感動しているみんなを目の当たりにしたとき、自分も感動できる」と語る卒業生もいた。また、つぎのように放送部の学びを表現した部員もいる。

●教科書のない教科

栗原祥江（九三年卒）

私が三年間続けてきた放送活動には、教科書のない教科がありました。それは、国語や数学のようには机の上では学べない、物事の考え方や、生き方に大きな影響を与えられた「教科」でした。この「教科」で学んだことの数は計りしれませんが、この「教科」には教科書も参考書も何もなく、すべてが暗中模索であり、試行錯誤のくり返しでした。九八パーセントが辛く苦しい時間でしたが、この教科で私が得たものは、高校生という時間を逃したらもう二度と得られないものだと思っています。そして私はこの教科のなかで、ほんとうに学ぶということは人に教えられることではなく、自分で「わかりにいく」ことを見いだしました。

彼らはよく、放送部を「もうひとつの学校」と言う。私はその比喩がとても気に入っている。この「もうひとつの学校」は、現代において少し特殊な、しかし、学校教育がどこかに落としてきてしまった「学びの場」だった。

先生、もしこの報道がまちがっていたら？

私が大町北高校勤務のとき、学校の取り組みについて誤報まがいの記事を書かれ、学校としてたいへん迷惑な思いをしたことがあった。その体験をもとに制作した「信ずるものはだまされる」、一年間の新聞記事を調査し高校生の活動に対する一般市民の興味と記事面積のギャップを当該新聞社に取材した「高校野球ばかりがなぜもてる」など、報道の問題について、放送部の生徒とともに作品としてまとめた経験はすでにあった。このような実践から、私は報道について強い関心があったし、記者に知人も多く、ふつうのオーディエンスとは少し違った角度でニュースと接していた。

とはいえ、松本サリン事件報道に対して懐疑的になっていても、九四年七月段階では、まだ、この大きな事件報道について放送部で作品にしようなどとは考えていなかった。この年のNHK杯全国高校放送コンテストの全国大会もひかえていたし、松山バレエ団の鑑賞事業の会計を締める雑務もさし迫っていた。

そんな忙しいなかで、当時一年生だった羽根田綾子が、私にこんな話をした。

「私の友だちが河野さんの娘さんと親友で、その人から聞いてきた話だけれど」と断りながら、「河野さんの子どもたちや家族が、ひどい報道で困っている。どうしたら犯人あつかいされないのだろうか」と言う。

おそらく一連の報道によって、日本中の人が「河野さんが犯人だ」と思っている。それは、事件が起こった松本市でも同じことだった。唯一例外であろう河野さんの家族や河野さんと親しい関係の人たちは、どう感じているのか。河野さんには高校生と中学生の三人のお子さんがいた。彼らの通っている学校では、どんな対応をしているのか。私は心配にもなったし興味ももった。とかく学校は、報道機関への対応がへただ。今回のような事件では、窓口の教頭はずいぶん苦労しているだろうとも思った。私はそれとなく自校の教頭に状況を聞いた。

教頭会では関係する三校の教頭が連絡をとり、該当生徒への取材をなるべく避け、事件が解決しないかぎり特別の対応をとらないことを申し合わせたようだった。とりあえず何もしないということだ。今回のような事件では最善の策だと感じた。しかし、そう話した教頭も、その口ぶりからすると河野さんが犯人と感じているようだった。

私は羽根田に、「河野さんは犯人ではないかもしれない。放送部で少し注意深くニュースを記録し、新聞とテレビをチェックしてみよう」と話した。当時のことを羽根田はこう書いている。

●疑問から取材へ

羽根田綾子

松本サリン事件は、とても身近な場所で起こっただけに、私の周りにも被害にあわれた方が多くいました。そんななか、いっしょに昼食をとっていた友人から、河野さんの娘さんと友だちだという話を聞きました。私にとって、間接的であっても「事件の被疑者の家族」の話を聞くのは初めてのことでした。河野さんのお子さんたちは、朝から夜までマスメディアに追いかけられ、学校にも行けない状態になっていると聞きました。実際に私が見ていたテレビ番組でも、河野さんの家のなかをライトで照らしたり、カメラを持ち道路に並ぶ報道陣が見られました。それまでは事件にばかり気をとられ、その映像を見ても何の疑問ももっていませんでしたが、少しずつ報道の仕方というものに目を向けるようになっていくと「この報道がまちがえていたらどうなるのだろう」という単純な疑問をもつようになってきました。

その疑問から取材に移るまでには、そう時間がかかりませんでした。放課後の部活動中に林先生などと話をしていて、サリン事件の話題になったときに、「あの報道がまちがえていたらどうなるのですか」と先生に聞きました。それまで私は「冤罪《えんざい》」という言葉すら知らずにいましたが、事の重大さを知り、驚きました。そのときに、林先生から「これを作品にしてみないか」という提案をされました。そこからが、私たちの取材活動の始まりでした。

林先生から作品制作の提案があってからしばらくは、とにかく事件報道に注目していました。いままでのようにただの視聴者として見るだけではなく、そこから流れてくる情報の一つひとつに注意をはらいました。それと同時に、テレビとは別に新聞記事を集めて、どのような報道がされていて、どこに問題があるのかを考えました。

（九九年、大学時代のレポートから。後出も同じ）

こうふり返る羽根田であるが、当時は高校一年生であり、放送部に所属したばかりだった。超多忙なクラブ活動の洗礼を受けて、少しずつ取材や作品制作のことがわかりはじめたころだ。

この年、羽根田をはじめとする一年生が珍しくおおぜい入部した。そこで一年生だけでテレビドラマの制作に挑戦しようと、大町市のロッジを借り、毎週末になるとロケ合宿をしていた。上級生にとっては、「一年生のときからロケ合宿だなんて……」と少し不満が残る。というのも、一年生には入部して数か月間、放送部員となるための「入門カリキュラム」が用意されていた。その課程のひとつである「三角おにぎりづくり」が、一年生のいない週末は二年生の役割になってしまう。

それに、リゾート地でのログハウス合宿のロケがうらやましかったのだ。

三角おにぎりづくりから始まる部員修業

放送部の活動には「総合力」が必要だ。取材のためには見知らぬ人とコミュニケーションをとらなくてはならず、制作にあたっては、作品の特性に応じた情報の処理や表現技術の鍛錬、そしてなにより、作品完成のために仲間との確かな協働作業を成立させなくてはならない。一年生から三年生までの多感な異年齢集団で、部員一人ひとりがもっている力や個性といった「個の特性」をいかした有機的な関係性のなかでまとまり、ひとつの作品をつくりこむ。入部したての一年生は、深夜まで作品制作で学校に残る上級生のために、炊飯器でご飯を炊き、ひたすら「三角おにぎり」を握る。六月の県大会までには、中身の具にこだわり、水加減や握り加減を調整して、ほくほくの高級おにぎりがつくれるようになる。私はこのようなバックステージをこなすことも、大切な力だと思っていた。

こう書くと、上下関係のきつい縦構造の集団のように誤解されそうだが、ひとつのプロジェクトには、作品制作に直接携わる仕事だけではなく、周辺に相当量の雑務が存在し、そこにもプロジェクトの一員としての役割がある。どんな小さな「歯車」でも、一人ひとりが放送部に存在する必要性を感じ、裏方の仕事にやりがいを感じてこそ、つぎの作品制作という「オンステージ」で活躍できる。毎日合宿しているような経験が、いざ自分が作品を制作する局面になって役立つ。

カメラばかり、編集ばかりが大切ではない。「歯車」の大小があってもそれぞれの役割は、大切な意味をもつ一部分を担っているという実感が必要なのだ。その実感が、放送部というコミュニティのなかに、たがいのいたわりやきびしさを生みだしていく。そして、自分と社会をつなぐ「手」を育て、自分の「地域《テリトリー》」を広げていく。この過程を体験し、活きた教材に取り組むことが、三年後に豊かなコミュニケーション力を獲得し「メディア使い」として巣立っていくための「土台づくりのカリキュラム」でもあった。

二年から入部した笠松多紀は、こうふり返っている。

●私にとって学校とは

笠松多紀（九九年卒）

いまの日本の教育制度に否定的だった私は、ドイツにあるルドルフ・シュタイナー学校に憧れていた。学校とは何か。学校とは、だれのために、なぜ存在するのか。私は、そんな根本的な疑問をもって高校に入学した。

日本では先生も生徒も、「学校」という固定観念から抜けだせないように感じる。すべての人たちが、自分の過ごした生徒としてのイメージで「学校」を批評する。社会がもつ「学校とは」という固定観念に、学校自体がずっと縛られてきたように感じられてならない。しかし、そう考えていくうちに、理想の学校が、とても近くにあることに気づいた。それは「強制」されず「学ぶ」という視点で先生と生徒が対等に存在する場所、放送部の活動だった。

放送部の活動は、年間一人二十本以上の企画を、自分たちで納得するまで取材し、構成し、作品にする。「過労死クラブ」とみんなは噂するが、その作業は知的で総合的だ。そして、そのすべてに教科書はない。手さぐりの作業を進めながら、生徒が考えた方向を、顧問の先生が共同作業で軌道修正してくれる。たとえ深夜になっても先生はつきあい、私たちはやりとげる。しかし、それは「押しつけ」でもなく「教える」のでもない。夜遅くなれば、みんなでご飯を炊き、おにぎりをつくって食べる。仲間としての活動なのだ。

私にとって「学ぶ」とは「学校」のイメージしかなかった。建物と黒板と机という「形」だった。だから自分が過ごしてきた放送部は「学ぶ」授業であり、学校という「場」であると気づくのに時間がかかった。しかしいまふり返ると、これ以上「学ぶ」ことのできる授業はない。国のこと、政治のこと、学校のこと、自分の興味をもったことに直接ぶつかり、自分で調べる。それを伝えるために、文章を書き、イメージを絵にし、ときには大工仕事もする。「学ぶ」とは自発的な活動にのみ存在するのだと感じた。

いまの日本の学校の授業は「学ぶ場」ではない。学ぶとは、自分が興味をもち、考えることから始まると私は思う。「強制されたり」「詰め込まれたり」と感じてしまえば、それはもう「学び」ではない。日本の学校は「学校という小さい世界」で存在してはならないと感じる。社会に開かれ、社会と密接な関係をもっていかなくてはならないと思う。そして、授業とは人と人のあいだにあり、上から教授するものではないと思う。

警察がまちがうと、メディアもまちがう？

松本サリン事件の話に戻ろう。

七月三十日に河野義行さんは病院を退院し、記者会見を開いた。その後、警察に協力するため取り調べを受ける。この日の昼・夕方のニュースは、その記者会見一色だった。

なかには、河野さんの顔にモザイクをかけるテレビ局もあった。しかし、その後、すべてのテレビ局が河野さんの顔を映して報道していく。私は、河野さんが強い怒りをもちながらも、ひじょうに冷静な対応をしているという印象を強く受けた。記者の質問に答えている姿からは、「彼は犯人ではないかもしれない」という目で見れば、サインはたくさんあったように思う。しかし、警察が殺人容疑で家宅捜索をおこなったうえでの記者会見である。記者たちは、警察の情報から類推される予断の延長線上で河野さんを見ていたのかもしれない。弁護士をつけたこと、記者会見時の「冷静な受け答え」がますます疑惑を深めたという。どうして、同じ事象がこれほど大きく見解を分けるのだろうか。いまだに不思議なことだ。

任意の事情聴取も二回でとぎれ、新しい事実は何もでないまま、夏が終わろうとしていた。八月から九月にかけて、報道のトーンはあきらかに河野さんを容疑者あつかいしながら、焦点は、いつ逮捕されるかというXデーに移っていった。

放送部といえば、文化祭も終わって三年生がそろそろ引退の時期を迎え、同時に新人戦や来年のNHK杯全国高校放送コンテストのテーマについて検討を始める時期になっていた。そんな九月中句、テレビ信州（日本テレビ系）の大浦圭治記者が、久しぶりに私の研究室に顔をだした。

大浦記者は、同じ学年団を組む三人の担任で企画した保護者実行委員会主催の「韓国研修旅行」の取材から親しくしていた、人間的にも信頼している記者のひとりだった。

「松山バレエ団のときはすみませんでした」

「しょうがないよね。連合赤軍事件以来だもの」

「県教育委員会が国内の飛行機利用を認めましたよ」

「よかったね。さんざん校長に怒鳴られた価値があったね、これで……」


長野県はこの時点まで、修学旅行で飛行機を使うことを認めていなかった。フェリーさえ二十分以内でなければ許可にならない。高校生が学校の活動で文字どおり「海外」（北海道・沖縄をふくむ）へ行くことは、修学旅行では不可能だった。当時の担任三人は、この時代にあまりにも狭い考え方だと意気投合し、なんとかクラスの希望者をアジアの国に連れていきたいと考えていた。しかし、学校主催では不可能であり、弁護士と相談しながら保護者主催で企画を進めていた。そのことを、企画の初期から嗅ぎつけて取材していたのが、毎日新聞の山田記者とテレビ信州の大浦記者だった。旅行が無事終わってから、校長も了解し、新聞に記事が載ったとたん、たいへんなことになった。

記者会見のみで記事にしたある新聞社が、「修学旅行鎖国やぶる」などのショッキングな見出しで、飛行機利用を認めない県教育委員会の対応の遅れを問題視する報道をしたからだ。職員会では「県教委に弓を引くつもりか」と校長からさんざん大目玉をくらった。テレビメディアでは大浦記者だけが取材していたが、その騒動を知って、ニュースであつかうことを彼は断念した。

「これで沖縄、九州、北海道の修学旅行が増えますね」

大浦記者との話題は松本サリン事件のことに移っていった。私は、報道機関がとっている立場がまちがっているかもしれないことを、いくつかの疑問とともに話した。

「殺人罪で家宅捜索したのに、農薬調合ミスとでるし、その農薬がスミチオン。そしてサリンでしょう。それに、でてくる話題が首をかしげるような内容で、タクシー運転手の話もうさん臭いよね。河野さんではないんじゃないの。どうして報道機関は、こぞって河野さんを追い続けているのかね」

大浦記者は、だされたコーヒーをひと口飲んで、静かに答えた。

「警察が、限りなく黒に近い灰色だと……。警察がそういう姿勢でいる以上、私たちはマークをはずすわけにはいかないのですよ」

もう一度、私は聞いた。

「河野さんがサリンをつくれると思う？　大浦さん自身はどう思っているの」

大浦記者は少しためらいながら答えた。

「今回の取材は、どこの社も同じルートを通って取材しています。どの社も同じネタしかないってことですよね。情報が少ないんです。だからわからない。警察がそこまで言っているのは、河野さんが犯人であるという、私たちにわからない『隠し球』を持っているからかもしれない。その可能性があるから、マスメディアは河野さんの線を切れないんだと思います」

「ぼくは、この事件は真犯人が現れて、あんがい早く解決すると思っている。何年も続くことはないと思う。勘だけどね。そうしたら、マスメディアはどうするの。どう責任をとるのかね。どのメディアも河野さんを白と言っているところはない。私は、この問題がはっきりしたときに、生徒と検証作品をつくろうと思っている。そうしたらメディアは、インタビューにどんなふうに応えるのかな。警察がまちがえたから私たちもまちがえたって言うのだろうか」

少し茶化しながら話していたが、このテーマの作品制作は簡単にはいかないと思っていた。しかし、「まてよ」と、こんな話をしているうちに思った。「高校生の立場をいかせば作品を制作できるかもしれない」と、数秒のうちに頭のなかで思考がかけめぐった。少し会話に間があいた。そのとき、はっきりとした調子で大浦記者が口を開いた。

「そのときは、私は取材に応じます。うち（テレビ信州）のニュースは注意をはらってだしてきました。上司も了解すると思います」

大浦記者自身は、この事件自体に疑問をもっているようだった。ガラッと研究室のドアが開いた。

「あら大浦君、久しぶり。この事件でやせちゃうよね」

研究室に、副顧問の土屋教諭が入ってきた。彼女は、大浦記者の大学時代の同級生だった。

「茶化すなよ、ほんとうにろくに食べずに取材していたんですよ」

大浦記者は、さっきまで話していたトーンとはまったく違った対応をしていた。

副顧問の土屋美晴さんは、部員からも同僚からも「みはるちゃん」と呼ばれていた。美須々ヶ丘高校の隣にある信州大学人文学部の大学院をでて、本校に赴任した。通う場所が大学時代とほとんど変わらないことにとまどっていたが、とても頼りになった。午後四時から夜の十時まで続く放送部の活動を「自分の遊びだ」と言いきれる人物だったからだ。それまで何人もが放送部の顧問についてくれたが、ほとんど一年でほかのクラブに移っていった。なかには長時間のクラブ活動に耐えかね、体調を崩したと診断書を学校長に提出して顧問を降りた先生もいた。それは仕方がないことだったと思う。

今度はニュースがオウム一色に

九月も下旬となると秋の気配が濃くなり、朝夕は涼しくなる。

「ザ・ニュースキャスター」（テレビ朝日系）や「スペースJ」（TBS系）などの情報番組は、河野さん犯人説に疑問を投げかける番組をずいぶん早く（七月中）から流しはじめていたが、全国紙では読売新聞、テレビニュースでは私たちが見ていたかぎりテレビ朝日系の「ニューステーション」が、もう一度白紙にというトーンを初めて打ちだした。河野さんの自宅から中継しながら、旧ソ連の軍事専門家を登場させて「第一発見者が犯人である可能性は九八パーセントない」というコメントを伝えた。

「見た見た？　すぱっと言いきっていたよね、犯人の可能性ないって」

このニュースが流れたつぎの日、研究室に宮野育恵（一年）が飛び込んできた。彼女の取り柄はなんでも前向きにとらえ、あっけらかんと話すところだった。宮野の元気な声で伝えられたニューステーションの話題で、研究室のなかはもちきりだった。

「これで、河野さん犯人説は少しずつ消えていくの？」

渡辺智史（一年）がぼそっと言った。

私は、まだまだ予断は許さないと思った。それにしても、新聞はスクラップできても、テレビ放送はすべて見ることも、録画しておくことも難しい。もどかしさとテレビメディアに対する漠然とした不満が、生徒のなかにも芽生えはじめていた。実際、これほどニュースの話題で盛りあがっているのに、部員はだれもこの日のニュースステーションを録画していなかったのだ。このころから大方のメディアは、しだいに河野犯人説から離れていったように感じた。学校の西の銀杏並木が黄金一色となり、九四年は暮れていった。

一九九五年元旦、読売新聞は上九一色村《かみくいしきむら》から「サリン残留物を検出」の記事を一面に載せた。この記事から、報道のトーンは一変し、河野さんから今度は教団一色に移った。その構造は、松本サリン事件の初期報道のときとなんら変わっていなかった。

そして、三月二十日がやってきた。

二……部活は仕事場

一九九五年（平成七年）三月二十日朝、東京都内の営団地下鉄日比谷、千代田、丸ノ内線各線の五本の地下鉄車内で猛毒のサリンが使われた同時多発テロ事件が発生した。この無差別テロの犯行で乗客や駅員ら十二人が死亡、五三一一人が中毒の被害を受けた。

午前八時という通勤ラッシュ時をねらった犯行で、地下鉄の関係一六駅を中心に大混乱、満員の乗客は車内からホームや地上へ懸命に脱出、「目が見えない」「息ができない」の叫びと恐怖の中で手当てのかいもなく息を引き取る人が相次いだ。救急車による患者の輸送で、都心の病院も死者や重体患者であふれた。

（『朝日新聞が語るドキュメント二〇世紀』から）

地下鉄サリン事件で急転、いっせいに謝罪放送

この日、河野さんは信濃毎日新聞を提訴するため、松本地裁に出向いていた。松本の記者団も河野さんに同行しており、そのときはじめて「河野さんではない」と確信した記者も多かったと聞く。結局、何人かが予測したように、第二の事件が起こらなければ、河野さんへの疑惑は晴れなかった。

地下鉄サリン事件には、副顧問の土屋さんの親友も巻き込まれていた。事件の起こる前日、大学の同窓会に出席した友人は深夜、友だちの車で松本から東京に帰った。翌早朝、築地駅から地下鉄

に乗って京橋の会社に行く途中で事件に遭遇した。不快感をもちながら「徹夜明けのせい」と思い、歩いて会社に出勤する。テレビで事件を知った土屋さんはあわてて友人の職場に電話し、無事を確認したうえで、急いで聖路加病院に行くことをすすめた。

地下鉄サリン事件以後、マスメディアと警察に対し河野さんは、永田弁護士とともに粘りづよく人権回復の要請をおこなった。このような活動によって、雑誌『AERA』の取材をきっかけに、九五年四月二十日、朝日新聞社は河野さんに謝罪し、続いてほかの新聞社をふくむ活字メディアがつぎつぎと謝罪した。そして、永田弁護士は民放各局に内容証明郵便による「人権侵害の有無を問う」照会文書を送付する。これに対し、捜査当局が「松本サリン事件をオウム真理教の犯行と断定」と発表した六月一日から翌日にかけていっせいに、かつ争うように、テレビメディアは謝罪放送を送りだした。（巻末に経過資料）

提訴されていた信濃毎日新聞社も同じく六月二日、一面に検証記事を載せ、数日後に河野さんと和解した。警察においても国家公安委員長、野中広務氏（当時）が「政治家として人間としての遺憾の意」を直接河野さんに伝えた。松本サリン事件における一連の「冤罪をつくる捜査」「冤罪を引き起こす報道被害」については、これで表面上、ひとくぎりがついたかたちとなった。

表現作品は、つくって壊して再構築する

このマスメディアの謝罪が続いた五月から六月は、私たち放送部にとって一年間でもっとも忙し

い季節である。新入部員を入門カリキュラムで教育しながら、放送部にとっての「東の甲子園大会」といわれるＮＨＫ杯全国高校放送コンテストの県大会・全国大会の作品を「壊して再構築する」最終工程に突入していた。とくに六月の第一週は、県大会をまえに毎年修羅場と化す。この年はとくに、テレビドラマの撮りなおしや全部門エントリーをめざすこだわりから、「ラジオドラマを五日でつくるぞ計画」というとんでもない企画を進め、毎日徹夜に近い状態が続いていた。

「おまえたちは三年で終わるからいいが、この異常事態をこれからもずっと続けると思うと、ぼくは命が縮むよ」

私は、部長の忠地美奈（三年）に言った。

「いままで続けてきたＮＨＫ杯放送コンテスト・フルエントリー（番組・研究発表など七部門）という実績を私の代でとぎれさせたくないの、お願い先生！」

という部長の忠地美奈の意地だけで、ラジオドラマの制作はおこなわれていた。

ドラマ収録の特設コーナーをつくり、ＭＤマルチトラック・レコーダーのまえに三本のマイクを立てた。あるのは二十行くらいのシノプシス（あらすじ）だけ。比較的演技の上手な忠地と安坂《あざか》千恵子（二年）が中心になって、一シーンずつ、場面を会話文に落としながら収録し、それを再生しては脚本を直す。必要なエキストラは、他部門作品の仕上げ作業をしているチームからパートタイムで借り受け、図面のない住宅建築のような、とてもスマートとはいえない突貫工事で制作を進めていった。

ドラマの内容はいたってシンプルだった。カラオケも歌えないシャイな女の子が、不思議なガラス玉を手渡され、積極的な女の子に変身、文化祭で全校生徒をまえに司会を務めるまでになっていく。しかし、親友のミナは、「そんなガラス玉に頼ったらだめ」と、ガラス玉を割ってしまう。これをきっかけに、主人公は自分の力に目覚めていくという青春ドラマだった。

「カシャン、バリバリ、キラキラキラ……」

深夜のだれもいない学校の廊下に、ガラスが割れるリバーブ（残響音）の利いた音がくり返し響く。こんな怪しげな光景に、子どもを迎えにきた保護者が出会ったら、さぞ気味悪がったに違いない。「ガラス玉が割れる音がたいせつ」と、ラジオドラマを編集しているメンバーは時間がないにもかかわらず、効果音集の音だけでなく瓶まで割って音づくりをした。

「どう聞いても、メロンほどある大きさのガラス玉を割ったようにしか聞こえない」と、他の部員からは不評だった。それでも「いいの、いいの」と、忠地は上機嫌だった。そして、県大会前日というか、当日の午前二時ごろに編集が完成。まあいつものことで、九四年度のときの朝七時よりは早い仕上がりだった。

私は、コンテストの作品づくりは「もうこれ以上やることはない」状態までつくり込む必要があると思っている。表現は、表現する主体とそれを鑑賞する客体とのせめぎあいだ。コンテストの結果も審査員の「主観の集合」によるひとつの評価であり、伝えたいメッセージをだれでも理解できる表現方法を使ってつくることが、コンテストという仕掛けのおもしろみでもある。新鮮でなおかつ「瑕《きず》」の少ない表現が求められる。だから、三回は壊してつくりなおし、考えられる表現方法はぜんぶ試して、表現を落ち着くところに落ち着かせる。その過程にこそ人を成長させる「学び」、

「メディア使い」を育てる奥義が隠れている。しかし、それには膨大な試行錯誤の時間が必要だった。「過程をたいせつに、結果はあとからついてくる」。そう、部員には言いつづけた。もちろん結果がでればうれしいが、「ここまでつくれれば、結果がどうでようといい」という感覚がたいせつだと思う。さまざまな理由で「伝わらないもの」があることを知る。逆説的だが、それがコミュニケーションの力を高めることになる。

この時期、放送部の活動としては総力戦を強いられて、気にはなっていても松本サリン事件関係の企画を進めることは、とうていできなかった。九五年のＮＨＫ杯全国高校放送コンテスト県大会は全部門全国大会進出、全国の非公開審査では、ラジオ番組部門の一作品が通過できなかったものの、研究発表部門をふくむ六部門は公開審査となる準決勝に進んだ。

部活最初のハードルは親の反対

こう記述していくと、順風満帆で問題なく放送部が運営されているようにみえるが、たいへんなところもある。いわゆる「クラブ活動」に収まらない「放送部」に子どもが入部すると、お母さんたちは、最初とてもびっくりする。遅くても七時ごろには帰宅する中学時代から、いきなりいっしょに夕飯を食べられず、父親とは一週間も会話しない生活に変わるのだから無理もない。部員にとって放送部を続けるための最初の壁は、両親や家族を説得し理解を得なければならないことだった。親子がどうしても体験しなければならない親離れ子離れの機会と言っていいかもしれないが、そんなせめぎあいの一端を、生徒と保護者の言葉から想像してほしい。

●初めて母が怒った日

安田恵子（九九年卒）

母が初めて放送部のことで文句を言ったのは、私が放送部に入って三日とたたないころだった。午後七時くらいに家に帰ったら、母が眉間にしわを寄せて「こんなに帰りが遅くなる部活、ほんとうにやるの」と言った。

私が通った中学校は「進学校」で、クラブ活動の時間をきびしく制限され、不完全燃焼で終わったという思いをした私にとっては、よくマンガにでてくるような「夜遅くまで仲間たちとともに汗と涙を流す部活動」が憧れだった。

そんなとき、担任の先生から「美須々《みすず》でいちばん忙しい部活は放送部だ。毎日、夜遅くまでたいへんだが、それだけの実績と達成感がある。がんばってみたい者は放送部に入ってみろ」という話を聞いた。先生の語り口は熱く、私の求めるものすべてが放送部にあるように思えた。私はその日のうちに入部を決めた。いっしょに入部した新入部員は明るく仲がよく、私の部活動は順風満帆のスタートをきった。ただひとつの問題は、母をどう言いくるめるかということだった。

放送部の活動は毎日、夜遅くまで続く。毎日の朝・昼の放送の準備、コンテストに向けての番組制作、文化祭をはじめとする学校行事の企画。放送部の「仕事」は限りない。平均して午後十時まで、私自身にとっては、なんの不満もなく、むしろ望むところだったのだが、心配性の母には違った。放送部の新入部員は、入部した直後はなるべく早く帰り、じょじょに帰る時間を遅くしていく。家族に免疫をつけてもらうための「戦略」だ。しかし私の母は入部した直後ですら過敏に文句を言い、先が思いやられた（ちなみに父は気楽に構えていたようだ。私が何時に帰ってもマイペースにテレビを見ていた）。

それから一か月ほどたって、私の帰りが午後九時を過ぎた。母は車で学校まで迎えにきてくれたが、かなり怒ったようすで「まだだれか残ってる人いるの」と聞いた。その時期の放送部はNHK杯全国高校放送コンテストに向けた作品制作に追われる。二、三年生は十二時過ぎまで学校に残っているのだが、そんなことを母には言えない。仕方がないので「の、残ってる人？　たぶんもうすぐ帰ると思うよ」とごまかした。

六月、コンテストに向けての作品制作が追い込みに入った。新入部員の私もいちおう自分の担当をもち、その日は十一時を過ぎてもまだ学校に残っていた。私は家に何度も電話をかけ、「もう帰ってきなさい」と怒る母を「お願い、もう少しだけ」となだめた。しかし、十二時を過ぎたところで、放送部直通の電話に母から電話がかかってきた。

「これから迎えに行くから、でてきて待ってなさい」。怒り心頭といったようすに圧倒され、私は即、帰りの支度をした。迎えにきた母の車に乗ると、母は無言で車を走らせはじめた。その沈黙が恐ろしかった。

昇降口から学校の正門にまわったところで、母がいきなり「もうこんな部やめなさい！だれがこんなに遅くまで残ってろって言ったの!!」と怒鳴った。私は内心かなり威圧されながらも、「だれかに言われて残ってるんじゃないの、自分たちがやりたいから残ってるの！」と言った。母はまだ何か言いたげだったが、黙って車を走らせた。私の活動は、そのころまだ買いだしやインタビューの整理といった先輩のサポートが中心で、母に言ったセリフは半分ハッタリだった。しかし、このときから母の文句は目に見えて減っていった。

それからちょうど一年がたち、私はコンテストに向けての作品制作に追われていた。一年生のときとは違って「自分の作品」をもつようになり、時間のたつのも忘れて作業をした。一年まえに母に言ったセリフは、百パーセント現実になった。

ある日、母が夜中の二時にブツブツ言いながらも迎えにきてくれた。私は車の助手席でうとうとしながら、「たいへんだけど楽しいよ、やる価値あるよ」と言った。母は静かに「そう」と言った。

母はすっかり協力的になり、「睡眠時間が短いんだから栄養あるもの食べないとだめよ」とか、「どんなに夜遅くても電話しなさいよ。それまでママ、寝ないから」といったことをくり返し言った。遠くの取材先まで車で送ってくれたことも、一度や二度ではない。卒業する先輩の追いだしパーティのために、料理をつくってくれたこともあった(ちなみに父はやっぱりマイペースで、「恵子は今日も仕事か、アハハ」などと茶化してばかりいた。雪の日には父が車で迎えにきてくれることもあったが……)。

高校三年の秋、私は小論文と面接での大学受験に臨んだ。三つの大学に相次いで落ちて浪人を考えたときも、母は「あんたの好きにしなさい。ママには何もできないけど、あんたのこと信頼してるから」と言った。一月、やっと私の進学が決まったとき、両親はほんとうに喜んでいた。いまになって私の高校生活をふり返ると、「とても正気の沙汰ではなかったな」

と思う。しかし、放送部で学んだこと、仲間たちとともに汗と涙を流した体験が、私を支える大きな土台になった。両親が私の活動を応援し、協力してくれたこと、なにより私を信じてくれたことにほんとうに感謝しています。ありがとう。

（二〇〇一年記）

松本美須々ヶ丘高校から転勤したいまでも、放送部を卒業した生徒たちとの交流は続いている。そして、彼らのお父さん・お母さんとの交流も続く。それは、生徒たちをともに育てる「苦しく、しかし過ぎてしまえば楽しかった」時間と空間を共有してきたからにほかならない。

放送部の生徒は、部活動を「仕事場」と呼ぶことがある。一つひとつの活動が学校の運営や行事と密接にリンクし、自分が受けもつ役割や仕事に責任や使命感を感じていたからだと思う。すでに、学校のなかでなくてはならない役割を担っていた。そんな生徒の入れ込みようを理解するのは、お母さんのほうが早い。不満に感じるのも早いが、そのぶん、理解するのも早いのだ。娘にとっては、世の常だが、父親を説得するほうがたいへんで、卒業のときやっと理解してもらった生徒もいる。

●結果より過程を

小林美鳥（九九年卒）

私が放送部に入っていなかったら、私と父のいまの関係はなかった。少女期の子どもをもった家の多くがそうであるように、当時の私は父へのささやかな反発心をもった少女だった。私は高校に入学するとすぐ、おそらく全国でもいちばん忙しい高校生になった。家に帰るのは十時過ぎが多く、父と会うのは朝食のときだけ。しかも、隣の席に座るので顔を見ない日が多く続いていた。父はそれまで、私に対しての関心事は、どんな高校に入るのか、テストでいい点はとれているのかなど、私がおこなってきたことの結果ばかりだった。しかし私は放送部に入ったことで「結果がすべてではない世界」を知り、「最後に行きつくまでの過程がいかに重要か」を知った。

だからこそ私は父に、私の活動の「過程」を見てほしかった。しかし最初のうち父は、帰りが遅いことばかりに腹を立てていた。放送部に入った生徒の両親の多くは最初、私の父と同じように放送部に疑問をもつらしい。しかし、活動を理解し、最初に強く反対した親ほど、あとになって深く理解する。しかし、私の父の理解は、私がつくった作品が賞をとることによって深まっていた。私にとって賞はどうでもよく、つくった作品そのものを見てほしかったが、いつまでたっても父の結果重視の考えには変化はみられなかった。

私の放送部の活動の集大成は卒業式にあった。卒業式には成績もなく、賞もない。そんな卒業式だからこそ、私は父に来てほしかった。私の高校生活を成績とか賞とかだけでなく感じてほしかった。しかし、何度か誘ったが手応えはなく、私は半分あきらめていた。

卒業式の直前。スタッフだった私は忙しく働いていた。すると、多くの卒業生の隙間から父の姿が見えた。私はそれだけで、もうとてもうれしかった。そして、卒業式の企画が無事終わることを祈った。演出を担当していた私に当日の仕事はない。あとは、完成されたステージを、席は離れていたが父と同じ客席で見つめた。

卒業式が終わったあと、家の夕食のときに、いつも顔を見ることのない隣の席の父が言った。

「今日の卒業式、父さんは感動したよ。いい卒業式だった」

そのとき、私は放送部で伝えたかった思いのすべてを伝えられた気がした。大学進学のため家をでた私は、父と電話でときどき話す。いまでは「お父さんには何を言ってもわかってもらえないだろう」という気持ちはすっかり消え、ひとりの人間として尊敬する父に「私はこう思う」ということを素直に伝えられるようになった。卒業式のあの一件から、お父さんもひとりの人間であるということに、私は気がついたのかもしれない。

小林明美

小林美鳥のお母さんは、そんな彼女と父親の関係をどのように見ていたのだろう。

●親も放送部員のように

松本美須々ヶ丘高校の放送部といえば、全国大会で優勝した部活。「入ったからにはそれ相応の覚悟がいるぞ。全国一の部活は、人並みのことではない」と、私なりに覚悟しました。入って間もないときに、作品制作の取材のため「東京へ行ってこい」という話がもちあがりました。

「中学生に毛が生えたような娘、それも生徒だけで東京に行かせる?」

しかし、不安ながらも私は、「これは行かせなくてはいけない」と思い、用意を始めました。……が、しかし、父親の猛反対にあい、その夜、顧問の先生と長電話のすえ、東京行きは実行されませんでした。

それからというもの、「帰りが遅い」「ほんとうに高校にいるのか」と父親の非協力的な対応が続きました。そんななか、私は「娘ががんばっているんだ。私ができることは協力してあげよう」と思い、ほとんど毎晩、学校まで迎えにいく日が続きました。午前零時近く、もしくは過ぎているときもありました。いちばん遅かったのは、午前四時ごろ、学校の昇降口まえで車を止め、仮眠をとりながら娘を待ったこともありました。でも、そうやってがんばってつくった作品は毎回よい結果をだし、親の私もたいへん満足し、うれしかったです。

そんな作品を、「ぜひ見て父親にも理解してほしい。学校にも来てほしい。そして、私たちの活動の内容を知ってほしい」と娘は何回も父に懇願しましたが、父親はとうとう三年間、コンテスト後におこなわれる作品発表会には行きませんでした。でも、少しずつ対応が柔らかくなっていきました。

そして、二年生の文化祭に父親は珍しく学校に足をはこびました。そのとき、顧問の林先生と忙しく働く部員の人たちに会い、「何か感じるもの」があったのだと思います。目に見えた協力は相変わらずみせませんでしたが、それからというもの、あまり文句を言わなくなりました。そして、娘として放送部最後の仕事、卒業生がつくる「卒業式」には、父親も参加してくれました。私も父親も、たいへん感激していました。

いま思えば、私もあの三年間は、ほんとうにたいへんでした。反面、楽しかったと言えば語弊はありますが、私も充実した毎日を送ることができました。いまは、懐かしさでいっぱいです。娘も、放送部をとおして人への接し方、どのようにすれば自分の考えを他人にいちばん理解してもらえ、伝えることができるのかなどなど、通常の高校生活では学べない、しかしとっても大切な勉強をいっぱいすることができました。どこへだしても大丈夫という確信に似た思いもあります。そして、私もこんな娘がいたおかげで、いろいろな人と出会い、さまざまな場所に行くことができ、ほんとうに感謝しています。

こんな娘を見ていて感じたのは、目的をもって行動している人は「ほんとうに楽しく輝いている」ということです。ほんとうにたいへんだった三年間があったおかげで、いまの娘「美鳥」があると思います。私たち両親は、これからも陰ながら応援します。

（二〇〇一年八月記）

放送部の「甲子園」、NHK杯コンテスト

さて、一九九五年の第四十二回NHK杯全国高校放送コンテストの決勝である。

七月二十四日、NHKホールでおこなわれる全国の決勝大会、あまり胸をはって言えないが、テレビ番組自由部門で、顧問である私の寝坊から始まった長野から松山までの珍道中をレポートした「僕のながーい一日」が全国優勝し、フリー・クライミングに没頭して不登校を克服していく高校生を描いたテレビドラマが準優勝した。五日でつくったラジオドラマも四位の優良賞で、結果としては上出来だった。

第四十二回NHK杯高校放送コンテスト全国大会の結果（一部）

テレビ番組自由部門　「僕のながーい一日」　優勝（文部大臣奨励賞）
創作テレビドラマ部門　「想いは虹にかけて」　準優勝
創作ラジオドラマ部門　「未来《あした》のメロディー」　優良賞（四位）
テレビ番組課題部門　「バラエティーな仲間たち」　入選（五位）
ラジオ番組自由部門　「サンタのような都会人」　入選（五位）
研究発表部門　「経験を未来に」　入選（五位）

二年ぶりの優勝カップを手にした帰路、高速バスのなか。

「甲府の空で、二本のきれいな虹を見たとき、もしかしたら二部門優勝できるか、なんて思ったんだけど」

私の言葉をさえぎって、副顧問の土屋さんが、深刻な顔つきでたしなめた。

「ボス！（土屋さんは好んでこの表現を使っていた）準優勝も優勝もあまり変わらないでしょ。ぜいたく言ったら石をぶつけられますよ。欲ばりなんだから。それよりも来年がたいへんだ……」

来年度は土屋さんが担任する学年が三年生になる。放送部の生徒は、九〇年ごろから本格的に始まったAO（アドミッション・オフィス）入試や特別推薦、自己推薦で大学に入学していた。それまではほぼ百パーセント、希望の学部へ入学していた。しかし、「結果はあとからついてくる」とはいえ、コンテストの成績が部員の進路にも関係することもあり、土屋さんが来年のことを気にかけるのは当然のことだ。

三年になる羽根田綾子や渡辺智史、そのあと部長になる伊藤綾も加わって、松本サリン事件に話題は移った。

「河野さんは、マスメディアの取材をこれからはなるべく受けない、と言っているみたいですよ」

羽根田が言うと、土屋さんが続けた。

「河野さんに連絡して、取材の申し込みをしておきますか」

「でも、帰ったらすぐ文化祭の準備だよね。それが終わる九月までは手がつかないかな」

羽根田たちと話しながら、「松本サリン事件の誤報に関する作品」を制作するタイミングについて思いをめぐらせていた。スタートは、新聞社・テレビ局の報道がはっきり誤報だったとわかったときと決めていた。その点では、この時期が最適だった。謝罪がおこなわれてマスメディアが公に非を認めたことは、マスメディアを題材にした作品が放送されなかった経験がある放送部にとっては好材料だった。これから制作する作品は、二度と同じ憂き目にはあわせたくなかった。

しかし、私は直接マスメディアを取材することに少し躊躇《ちゅうちょ》していた。高校生との接点が見あたらなかったのだ。

三……テレビ報道を追え

一九九五年の文化祭は戦後五十年にあたり、「戦争と平和」というテーマを高校生の身の丈でどうとらえていくか考えていた。結局、生徒会役員の白木かおり（三年）の発案で、長崎平和祈念像の原寸大模型を全校制作することになった。けっして気負って取り組んだのではなく、単純に「大きな立体模型をつくれば、文化祭に来てくれる人がきっと増える」と始めた企画だったが、この取り組みは大ヒットだった。

平和の問題に私たちは真正面から取り組むべきだが、現在の高校生にとって「平和や戦争」がリアリティをもたなくなってしまったことも現実である。戦争体験の聞きとり調査などは、すでに難しくなっていた。

しかし、この企画はワイワイ、ガヤガヤと毎日二クラスが交代しながら、超特大の立体模型に取り組むことで、「戦争とは、平和とは」と声高に言わずとも、戦後五十年という感覚を少しずつ生徒の実感としていった。

野村正芳（二年）は、来年のコンテストのビデオ作品のために、いつもの準備の記録と並行して、責任者の白木を中心に過程をしっかり記録していた。文化祭は例年の二倍の来客に沸き、この年の暑い夏は文化祭とともに去っていた。

十月、部長の忠地美奈をふくむ二人の三年生が引退。新しい部長や全体の組織運営をおこなうマネージャー（副部長）を決定したあと、やっと腰をすえて「松本サリン事件の報道を追う企画」にかかる。担当者の決定や、収集してきた資料を整理する態勢についてミーティングをもった。

担当者は疑問を投げかけた羽根田綾子と、少しおとなしいが作業の速い渡辺智史の二人になった。いままで集めてきた資料のほかに、あらためて初期報道の新聞資料などを収集・整理しなくてはならなかった。ちょうど河野さんの著書『「疑惑」は晴れようとも』（文藝春秋）が出版され、時間的な流れはこの本を下敷きにして整理することにした。これらの作業は期間を決めて全員で分担し、放送部の作業空間になっている書道室（私は書道を担当している）は一時、膨大な新聞などの資料で埋まり、授業どころではなくなってしまった。

羽根田らは、まず河野義行さんに取材を申し込んだ。

「マスメディアの取材はお断りになっていると聞いていますが、お話をうかがえますでしょうか……」

羽根田が研究室から電話した。河野さんは、自分の体験が教育に活かされるのであればと、快く取材を承諾してくれた。

報道被害の当事者・河野義行さんを取材

記者は羽根田と渡辺、カメラは野村というクルーを組み、私の車に乗って初めて河野さんの家におじゃました。私たちはいちばん奥の部屋に通された。河野さんはオーディオの趣味があるようで、立派なスピーカーが客間に陣どっていた。

ＭＤとビデオの両方で収録するつもりで、取材の準備が始まった。野村が私の横に来て「ライトのバッテリーが十分でなくて……」と言った。「このだいじな取材のときに……」と、のどまででかかったが、それをおさめて私は河野さんにお願いした。

「蛍光灯の光で顔に陰がでないように、少し後ろに下がっていただけますか」

最初としては間抜けな会話から取材が始まった。


Q…もう目のほうは大丈夫ですか。

A…【河野】ええ、目はいいんですけれど寝不足で、ずうっと。ビデオライトのスタンドありますよ。テレビ局が忘れてったやつ、真面目にやってないなーって、なんかね。持ってくる。


結局、このビデオライトを使わせていただいた。最初、羽根田たちは、高校生をふくむお子さんに対するマスメディアの取材について聞いた。


Q…まず、息子さんと娘さんへの取材についてどう思いますか。

A…【河野】とくに問題なのは初期の場合ですね。たとえば夜遅くまで、子どもの寝ているところへライトを当てたり、門からでてくるときに、すぐカメラを回すとかね、本来ならそういうものも本人の了解が必要なはずですけれども、まったくおかまいなしに回していました。そういうところに問題があると思います。

Q…そのことに対して記者や報道機関に何か言ったことはあるんですか。

A…少なくともそのころはまだ私は入院しておりまして、一か月間というものは外へぜんぜんでておりませんから、そのようないやな思いをしたことを子どもから聞かされていただけです。

Q…学校の対応っていうのは、どうだったんでしょうか。

A…子どもに聞いた範囲では、学校は行くのが楽しいと言ってました。当初いじめとかね、そういうことも考えていたんですけど、まったくなかったです。

私たちが危惧したほど、学校の対応には問題がなかったようだ。話は誤報の問題に移った。

Q…一回だしたものはなかなか訂正しないし、訴えると言わなければ謝罪もしないですね。

A…【河野】世論を動かすか、裁判でやるかということですが、たとえば裁判となると、財産売りはらう覚悟でないとできないですね。時間も費用もかかりますしね。逆にマスメディアからすれば、損害賠償請求や名誉棄損でも、長いこと戦って判決がでたとします。しかし、金額は過去においてせいぜい五百万というような金額ですよね。この五百万という金額はマスメディアからすればゴミみたいな金額ですよ。だから怖くないんですよ。

ほんとうのところどうでしょうか、「報道の名誉」はあっても、報道被害から考えると賠償金は微々たるお金なんですよ。

だからそういう部分で、まったく土俵が違うんですよね。だから同じ土俵で戦うことになれば、第三者機関みたいなものがないと、私はフェアではないと思ってます。

Q…そこが河野さんのいちばん変えたいところなんですね。

A…マスメディアからすれば、誤報とあきらかにわかっていても訂正しないのが、いまの体質ですよね。

Q…誤報の訂正も遅かったと思っていますが。

A…たとえばＮＨＫがね、私が「薬品の調合をまちがえたと救急隊員に言った」っていう記事（報道）を流しているんですよね。これは翌日には事実でないことが判明しているわけですよ。自分たちが流した報道が、翌日には誤報だとわかっているわけですよ。しかし、一年以上たって、こちらが要求し、かつ裁判を起こすぞと言わないと訂正しない、謝罪しない、これが体質なんですよね。やはりマスメディアは、誤報だとわかった時点で訂正すべきなんですよね。

河野さんはとても冷静に答えてくれたが、報道被害の実態は思っていた以上で、取材をしている羽根田たちが引きこまれているのがわかった。

Q…これからも、このようなことがくり返されると思いますか。

A…【河野】いまのところは、構造というかシステムがまったく変わっていませんよね。ですから、変わらないと思いますね。たとえば松本サリン事件について、各社がなぜまちがったか、かなり検証記事を書いていますよね。そうするとまちがった原因は、昔から言われていることがぜんぶでてくるわけです。言い換えれば彼らは、なんで誤報を打つかということがわかっているわけですよね。だから、あとはそれに対してメス入れて直すかどうか、その気があるかないか、ということにつきると思うんですよね。

ですから、原因がわかっていて直さないということになれば、直さないほうがやはりメリットがあるのかということになってくると思うんですよ。ほんとうに反省したなら、やっぱりちゃんと自分たちが検証した原因というものをとり除いていく方向がでてしかるべきだと思ってます。

警察の事情聴取も受けたお子さんの仁志君と真澄さんにも「マスメディアに対する高校生としての率直な思い」を聞きたかったので、このあと河野さんに了解をいただき、あとで彼らに直接連絡をとることにし、河野さんの家をでた。

高校生の実感ときり結ぶ取材の切り口はどこに？

取材を終えて私は頭を抱えた。あまりに大きな問題で、等身大の高校生に引きつける切り口が見つからなかった。どんなに社会問題として重要でも、高校生としてのリアリティがなければ、作品は上滑りをしてしまう。「はたして彼らがあつかうことができるテーマなのか」。私は不安になっていた。

羽根田と渡辺は、河野さんの話を聞いてしきりに怒っていた。マスメディアに対する怒りに火がついたという感じだった。私は「まあまあ、そう熱くなるな」と言いながら、とにかく、高校生との接点を見つけだそうとした。長男仁志君と長女真澄さんへの取材に対して学校がどのように対処したか、松本県ヶ丘《あがたがおか》高校と松本深志高校の当時の教頭に話を聞いてみることにした。

まず応えてくれたのは、事件当時、仁志君の通っていた松本県ヶ丘高校の教頭だった吉田一雄さんだった。このときはすでに退職し、同じ学校で英語科の講師をされていた。

Q…事件後、第一通報者の長男が学校に在籍しているとわかった段階で、実際どのように思われましたか。

A…【吉田】まず、これはずいぶん報道されるなと思いました。そして、こういう問題はほんとうのことがわからないうちは、先入観をもってはいけないと自分に言い聞かせました。報道とは反対の結果の場合を考えたときに（生徒に）与える精神的な影響に対して、学校としては配慮していかなければいけないと思いましたね。

Q…学校側としては多くの取材に対して、どう対応をしたのでしょう。

A…ほんとうに毎日おおぜい来ましたねえ。地元の新聞ばかりでなく、東京の週刊誌やら月刊誌やらたくさんでした。取材に対して、本校に在籍しているという事実は、そのとおり答えました。しかし、それ以上のコメントはしませんでした。私を窓口にして、はっきりしないうちは外部に対してコメントはしない、できないという立場で終始一貫して対応しました。

Q…マスメディアではなく警察が学校に来たときには、どういう対応をされたのですか。

A…この場合も同様で、クラブ活動の所属や何組の生徒か、住所はどこかについては答えましたが、ふだんからプライバシーに関することについては慎重に対応することになっていて、どのようなことが好きか、友人関係などはどうだという質問に対しては、答えることはできないという態度で通してきました。

Q…これからのちに教訓となることはありますか。

A…いきなり取材の電話がかかってくることがあるんです、それも夜中のとんでもない時間帯に。それで取材に応じてくれというので、私は、「それはできない。あなたがどこの新聞の何という名前の記者であるか証明できないかぎり協力はできない」と対応しました。ところが「先生はぜんぶ知っていて生徒をかばうのですか」と、たいへん失礼なこともありました。そういう取材は一方的に切りました。

Q…これからのために、エピソードをお聞きしたいのですが。

A…そうですね。事件後、一週間くらいたったときだと思いますが、私どもの生徒の精神的な負担を少しでも軽くしてあげられたらと、私と担任とがなんとかして本人と会う方法がないかと考えました。河野仁志君は一日に一回、家族が入院している病院に見舞いに行っていました。病院の出口で本人がでてくる時間を決めて待ち合わせ、三人で話をしました。まあ激励ですかね、そういう方策を考え、実行しました。

Q…加害者の子どもと被害者の子どもが同じ学校にいる場合も想定されましたか。もしそうだったらということはありませんでしたか。

A…あっちゃ困るし、そういう思いがなかったわけではありません。けれども、本人の担任に聞くにつけ「これは違うぞ」と、私は直観的に感じました。彼は図書委員をやっていました。私は個人的には話をしたことはありませんが、ふだん図書館には出入りしていましたから、そのときに仕事のこなしとかいろいろな面で、これはよくできた人物だなあという印象はありました。人間の直観は、当たるときと当たらないときがありますが、今回は私の思ったとおりでしたね。

Q…先生は、この一年のなかでマスメディアに対して思われたことはありますか。

A…状況がはっきりする段階で報道してもらうことができればありがたいなあと思いました。新聞社の記者の立場からすれば、スクープとか（の重要性が）あると思いますが、それと事実の報道とはかならずしも一致しないと思います。どの新聞社やテレビ局も、結果的には見込み報道的だったと思います。十分な正しい報道ができるようなかたちにしていただきたいし、今回のようなことがそうあっちゃ困ると、強く思いましたね。それと、「取材の権利があるぞ」と言った新聞社があるわけですよ。だから私はね、「守秘義務を貫くという義務もあります」と言い返しました。だからあなたも私も同じだ、と。立場が逆であっても。新聞社の立場もわかるが私の立場も考えてください、と言うようにしていました。

新聞だけでなくてテレビも、マスメディア関係すべてに共通すると思うのですけれど、人権の保護という面から見すえた報道をし、人権のためには報道をさし控えることも必要だと今回の事件をとおして思いました。

吉田先生からは、教頭としての当時の苦悩や対応についてぎりぎりのコメントをもらった。しかし、マスメディアへの対応は予想した範囲で、この取材からは高校生に引きつけられるテーマに発展させることはできないと思った。当時の三人の教頭はマスメディアの窓口として、「立場と個人」の狭間でジレンマに苦しんだに違いない。しかし、そこに迫ることはできなかった。

真澄さんが在籍した松本深志高校の教頭を取材して、それを感じた渡辺は、「いまとなっては言葉にすると、こう表現するしかないのかも」と不機嫌だった。

しかし私は、河野さんはどうして冷静でいられたのだろうと、そのことが不思議になっていた。河野さんと二人の教頭の取材からは、高校生と「松本サリン事件の報道」を結ぶ糸を見つけることができなかった。どこか私が考えてきたこと、感じてきたことと少し違っていた。学校とマスメディアという関係からは、この二年間に感じてきた怒りや違和感はあきらかにならないのかもしれない。彼女たちが取材しはじめたことは、「冤罪や報道被害を生むマスメディアの構造的な問題点」であり、「なぜ人権に配慮される情報化社会において、このような報道被害が起こったか」という理由である。しかし、いまとなってはそのときの苦悩や問題点は、ニュースを送りだした記者や報道関係者からしか聞くことができないようだ。彼女たちは、取材が進むにつれて憤りが増しているようだったが、私は反対に、一端を知るほど、これから追おうとしているものが遠のいていくように感じられた。

結局、事件に関わったマスメディアに真正面からぶつかり、取材した記者たちに直接話を聞かなくてはならないようだ。はたしてそんなことが可能なのか。

新聞とテレビ、どちらを追うか

河野さんの話とそれまで集めた資料をもとに、羽根田と渡辺の二人は、何がいちばん問題だったのか話しあっていた。初期報道を中心に、あらためて発生当時の記事を検証していくと、ずいぶんひどい報道だったことがわかる。この初期報道を批判する作品となれば、マスメディアの報道の仕組みそのものを批判することにもなる。ひとくちにマスメディアといっても、新聞・テレビ・雑誌と多種多様だ。テレビにも、ワイドショーもあればニュースもある。顧問としては、新聞とテレビニュースに絞って考えてみようと提案して、話しあいを始めた。

しかし、少しすると、羽根田が言った。

「私は、調べることが必要だったから新聞を読んだけれど、河野さんが犯人かもしれないという印象を植えつけたのは、テレビのニュースのほうが影響が大きかったと思う」

高校生にとっては、そのとおりだったろう。私たちは「マスメディア」とひとことで呼ぶ。しかし、注意深くみていくと、この二つのメディアはずいぶん違った性格をもっている。

「なぜ、新聞が早く謝罪をだしたの」

土屋さんが渡辺に聞いた。

「それは、活字に残っているから逃げられないしね」

間髪入れずに答えが返ってきた。

現代社会では、圧倒的にテレビの影響が大きく思えた。しかし、テレビはすべてを録画しておかないかぎり、もし自分が報道されたとしても自分で確認さえできない。ローカル局のニュースをふくめれば、本人でさえどんな努力をしても、すべての放送を同時に見て記録することは不可能な仕組みになっていた。

羽根田がテレビニュースについて続けた。

「テレビは、音と絵（映像）で伝えていて、ニュース原稿の言葉では『犯人』とか『容疑者』と言わなくても、映像でそれらしく語ることができますよね。河野さんのときも、住民の『怖いわね』という趣旨のインタビューに、河野さんの家の門柱とか表札をインサートするような表現方法もあったでしょ」

「ニュース原稿については責められても、映像の表現についてはクレームのだしようがないね」

確かに「映像の文法」については、解説書もなく評価の方法も確立していない。この領域については作り手／送り手の独壇場だ。放送部員は、アマチュアとはいえ映像作品を制作し、映像による表現方法を知っていて、それを使いこなすことができる。言い方を換えれば、映像がつく「うそ」（こう表現すると人聞きが悪いが映像の演出とでも言い換えようか）も体得し、ときにはその「うそ」も表現方法のひとつとして使う。しかし、編集などしたことがない一般の人が、テレビのニュースや報道番組を見て、どれほど作り手の意図を見抜くことができるだろうか。

さらに悪いことは、放送はそのときかぎりで、見直すことは容易でない。だれが、毎日のニュースをビデオに撮り「このカットはこのコメントに対して適切か否か」と評価しながらテレビを見るだろうか。テレビは映像があることでリアリティがあるように受けとられる。新聞に比べても総合的な情報量は多く、視聴者を「わかったような気持ち」にさせる。しかし、そこで伝えているものは、言い換えれば受け手に残るものは、「イメージ」であり「印象」である場合が多い。結局テレビは、新聞よりも感覚的な分野に刺激を与えるメディアではないか。

●テレビ報道に注目

羽根田綾子

当初はマスメディア報道に対する疑問にすぎなかったものが、事件報道が進むにつれ、マスメディアに対する怒りに変わってきました。それは事件当時の報道だけではなく、無実が証明されたあとの河野さんに対するマスメディアの対応のひどさにも原因があったように思います。なぜ報道の切りかえができなかったのか、なぜしっかりとした謝罪をしないのか、そんな気持ちが膨らみ、河野さんの無実が証明されてから、私たちの本格的な取材活動が始まりました。そのときは「悪い人たちを懲らしめる」というような気分と「これはすごい番組がつくれるかもしれない」という期待でいっぱいでした。

取材を始めるまえに、先生、部員で話しあい、「マスメディア」という組織のなかでも、テレビ報道に注目することに決めました。テレビは新聞報道などと違い、音楽（BGM）、カメラワーク（映像）、ナレーションなどの情報を総合したものであり、その組み合わせ方によっては、ほんとうの情報とは違った印象を視聴者に与えてしまうこと。また、一瞬一瞬のメディアであるため、印象だけを視聴者に残して消えていってしまうという特徴があると考えたからです。松本サリン事件での冤罪報道は、まさにこのテレビ報道の特徴が悪い方向に働いてしまった結果だったのではないでしょうか。

マスメディアができない取材をしよう

一九九六年の年始休業が明け、副顧問の土屋さんとも話し、私たち顧問は腹をくくった。この報道の問題は、高校生というどこに対しても利害関係のない立場をいかして真正面から向きあおう。テーマと高校生の接点は少なくても、この問題の調査方法や取材方法に高校生の立場や特性をいかすことができる。こう考えて、私は部員を集めて話した。

「これからやろうとすることは、放送部の全力をだして取り組もうと思う。これまで手本にしてきたマスメディアをきみたちが批判することになる。ずいぶん大きな問題がこれから起こってくるかもしれない。ときにはいやな思いもするだろうし、高圧的な対応に傷つくかもしれない。それでも今回、マスメディアが問題を放置している。だから、マスメディアがマスメディアを批判し取材してまとめることができないなら、高校生という立場をいかして、できるところまで精いっぱいやろう。松本美須々ヶ丘高校放送部の総力戦で取り組もう」

対象をテレビメディアに絞り、担当の羽根田、渡辺と話したことや、テレビと新聞の違いなどを示して確認した。この話を聞いていた部員の顔が、話を進めるにつれてきびしくなっていくのがわかった。副顧問だった土屋さんは当時をこうふり返る。

●記者たちの真実に迫りたい

朝日（旧姓土屋）美晴

「サリン事件のテレビ報道を追う。放送部の総力戦で取り組むよ」

林先生の言葉に私をふくめ、生徒全員が顔を見あわせていた。そのときにはまだ、テレビメディアを取材対象にするなんてことは、それだけでとてつもなく大それたことのように感じられた。なにせ相手は「プロ」である。「テレビが取材に来る」ということがすでに、生徒たちにとっては一大事である。まして「取材をする」などということは、彼らにとっては想像すらできず、私にとってもそれはまったく同じことであった。

その当時、私は教員になって三年め。放送部の顧問になってからは二年めの「ひよっこ」にすぎなかった。教員一年めの年に、林先生のクラスの副担任としてお世話になったのが始まりで、「なにごとも経験だから」と右も左もわからないうちに、なり手のいなかった放送部顧問に補充されてしまっていた。むろん、放送に関わったことなどなく、高校の放送部といえば「昼休みの放送」と式典のマイク準備くらいの活動しか考えられなかった私にとって、

「松本美須々ヶ丘高校放送部」はとにかく驚くべき存在であった。

たとえるなら、ひと昔まえの大学の研究室にあったような、「ひとつのことにのめり込んでいこうとする」雰囲気がそこにはあった。

毎日の活動は夜九時、十時までが当たりまえ。作品制作の締め切りまえともなれば、学校に泊まり込む勢いになる放送部の活動は確かにたいへんだったが、「引きうけるんじゃなかった」と思ったことは一度もなかった。帰宅して、蒲団に入るまえには「なんでこんなにしんどい思いをしなければならないのか」とため息をついたりもしたが、毎日の活動をしているあいだ、だれよりも楽しんでいたのはほかならぬ私であったかもしれない。

作品のための素材選びから始まり、取材、編集と続く一連の作業のなかで、技術的なスキルをもたない私は、とうてい生徒を指導するどころではなく、生徒といっしょに作品制作のおもしろさを教わっていると言ったほうがよかった。むしろ、生徒と同じ立場に立ちながら、林先生と生徒とのあいだで緩衝材になることが私の役割でもあると感じていた。

人生を左右する「偶然」というのは、それほどたくさんあるわけではない。私が教員となって最初に赴任した高校が、大学の隣にある高校であったことはそのひとつといえるだろうが、この取材のきっかけとなったのもそんな偶然の再会であった。

当時、私の友人が二人、長野県内のテレビ局の記者をしていたうえに、二人がそろってサリン事件の取材をしていたのである。なかでも大学時代の友人で、テレビ信州に勤めていた大浦君は、この事件が起きるまえからときおり松本美須々ヶ丘高校に取材に来ていて、私だけでなく林先生とも旧知のあいだがらとなっていたのである。この大浦君との関係が、この取材の手がかりとなったことは、まちがいないところである。

私たち（生徒と私）にとってＴＶの「ニュース」というものは「水準器」でもあった。自分たちが暮らしている市内で起きた「サリン事件」について大きな関心を寄せていたことはまちがいないが、それはすべてＴＶや新聞の「報道」から得た情報であり、その情報源そのものについて考えるという発想は、当時の私にはなかった。はじめはせいぜい「大浦君も忙しくてたいへんだろうなあ」といった漠然とした感想を抱いていたにすぎない。しかし、事件から時がたち、大浦君の話を聞く機会を重ねるうちに、林先生はもちろん、私にも、大きな疑問が生まれていったのである。

事件が起きてから半年ほどたつと、「松本サリン事件」は解決のつかないままニュースバリューを失い、全国放送はおろか市内版のニュースでもほとんど取りあげられることがなくなっていった。そのころ、大浦君に「あの事件はどうなるの」とたずねると、彼の表情は重く沈むようになっていた。報道として語られるスタンスに変わりはなかったのに、記者のようすには変化がみられることに、私自身が戸惑いを覚えるようになっていくほどだった。友人という立場であったからこそ、その変化に気づいたのかもしれないが、それはやがて、私たちのなかで、「テレビというメディア」への戸惑いにつながったといえるだろう。

大浦君の名誉のために言えば、彼は事件を軽がるしく報じるタイプではない。彼自身が納得できないものは報道しないという姿勢をもった人である。むしろ、「慎重」であることが大きな特徴といえる人物であるからこそ、私は戸惑いを覚えたといってもいい。単刀直入がこれまた信条である林先生に、「あの会社員は犯人じゃないんじゃないの」と聞かれても、「ぼくたちは彼が犯人だなんて言っていません。それに、彼が犯人でないという証拠もないのです」と言いながら、彼のようすは変化していったのだ。

そして、地下鉄サリン事件へと時は流れる。松本サリン事件もオウム真理教の犯行だと判明していくなか、テレビ局の謝罪がおこなわれる。そのとき大浦君は、「謝罪が悔しい」と言った。それは、「誤報のないように」と取材を重ねてきた記者の本音だと思った。「記者たちの真実に迫りたい」。個人的に私はそう感じるようになった。

第二章

ニュースの裏側
――現場記者を取材する

一……現場でなにが起こっていたか

取材は、長野県にある五つのテレビ局（四つの民放とＮＨＫ）すべてを対象にしておこなうことにした。横断的に取材できることが高校生の特性をいかすことであり、テレビメディアを網羅的に取材することが大切だと感じていた。さらに、取材対象はつぎのような理由で、現場の最前線で取材した若い記者に絞りたいと考えていた。

・マスメディアにあこがれ、ジャーナリストとしての意識をもって入社した人が、最初にぶつかる大きな事件だった。
・理想と現実のあいだで、ジレンマに苦しんだのではないか。
・マスメディアずれしていない感覚をまだ保っているのではないか。

このあとテレビ記者とのアポイントメントに、土屋さんの交友関係が大きく役立った。まず、テレビ信州（日本テレビ系）の大浦記者に確認の電話を入れた。

「上司は報道被害について意識の高い人です。ですからお受けできると思います」とのことだった。

長野朝日放送（テレビ朝日系）には、土屋さんの高校時代の同級生がいた。唐沢真理子記者だ。ここは土屋さんに任せ、私は長野放送（フジテレビ系）にいる高校時代の同級生に電話し、当時、最前線で取材をしていた松本支社の浅輪清記者を紹介してもらった。ＮＨＫには真正面から、現代社会の授業で使うこと、作品を制作する旨を伝え取材を依頼した。紹介してもらったのは安田昌彦記者だった。以上の四つの局では、口頭で取材の承諾が得られ、その後、念のために取材依頼を文書で送った。私たちは五局の記者に対し、一回約二時間のインタビューを一か月のインターバルをとり、二回おこなう予定だった。

滑りだしは思ったより順調だった。これまで多くの誤報や冤罪事件はあったが、松本サリン事件ほどマスメディア全体が低姿勢に被取材者に謝罪をしたことがあっただろうか。河野さんがいっさい損害賠償を要求せず、つねに正論で立ち向かっているから実現していることだと感じていた。私たちの活動もその延長線上にある。

取材しても、されることはないマスメディア

取材依頼が進むなかで、信越放送（ＴＢＳ系）だけは対応が違っていた。当時、高校生のコンテストでお世話になった岩井記者に電話して、取材の依頼をした。「私も意図はわかります。信越放送がことわる理由はないと思います」と、感触はよかった。しかし翌日になって、取材の意図やその使用方法について詳しい問い合わせが入った。

信越放送は、テレビメディアのなかでは最後まで河野さん犯人説を打ちだしていたと、私たちはとらえていた。一九九四年九月に放送された特番は、新しい事実がないにもかかわらず放送され、テレビメディアに関係しているほかの記者も首をかしげていた。しかし、県内のテレビ局ではもっとも警察と太いパイプをもつといわれる放送局であり、結果的に河野さんから対象をシフトするタ

イミングを逃したのだろう。

私たちは、現場で奔走し、毎日警察まわりをし、デスクの指示で病院へ、つぎの日は薬局へと聞きこみに行った若い記者に取材したかった。

松本サリン事件は、マスメディアをめざし、夢をもって入社した若い記者が初めてぶつかる大きな事件だったはずだ。そこで報道は大きなまちがいをした。その渦中で彼ら若い記者たちは、どんな気持ちでいるのだろうか。「マスメディアずれ」をしていない感覚で、彼らはこの事件をどうとらえたのだろうか。その感覚と高校生の感覚がぶつかったときに、どんな言葉が飛びだすのだろう。その言葉を収めることは、これからの新しいマスメディア（テレビ）と視聴者の関係にとって価値があると感じていた。くり返すが、だから放送部は、若い現場の記者にこだわった。

信越放送には、他の局がすでに取材を了解していることをふくめ、意図を何度も話した。口頭ではダメだという指示で、作品制作の意図や企画書を送るように言われ、指示にしたがって企画書と質問の要旨を送った。しかし、返事は数日たってもこなかった。じつはその間に部長会議をおこない、対応について話しあっていたという。

数日して岩井記者から電話で返ってきたのは、「一人ひとりの記者の責任はすべて信越放送にあり、このインタビューには報道部長があたる」との回答だった。信越放送に関しては、現場の記者に対するインタビューは実現しなかった。

テレビ局は取材はするが、取材されることは少ない。取材依頼は、ほかの作品制作とは比べものにならないほど骨の折れる作業だった。自分たちは電話一本で取材に来るのに、反対の立場になると、どうしてこれほど慎重になるのか。作品化されることに影響力があることを知っているからか、それとも自分たちは絶対に取材される対象にならないと決めているのか。信越放送の、企画書・取材要旨書を要求しながらのこの回答の仕方は、身勝手だとも思った。

担当の羽根田、渡辺とは、テレビニュースの記者をシンプルなインタビュー形式で淡々とつないでいく検証作品にしていこうと話していた。NHK杯のコンテスト作品の長さは、ラジオ作品が七分、テレビ作品が八分だ。この長さにとうてい収まるはずがなく、将来二十分から三十分のビデオ証言集にすることを予定して、取材はビデオとMDの両方のメディアでおこなうことにした。

三年まえに、新聞社の報道部長にインタビューした作品が、コンテストに入賞しながら放送されなかった苦い経験がある（通例ではNHK杯入賞作品は、NHKで放送される）。まず音声作品（ラジオ版）をつくり、その後、ビデオ証言集にしていくという二段構えの少し長期的な展望で制作していくほうが、高校放送部の活動としても価値あるように思った。

発生当夜から翌朝第一報まで

三月の春休みになって、現場記者に対する一回めの取材が始まった。一週間ほどで一気に取材する。羽根田と渡辺とは、松本サリン事件の報道についてどのような態勢でかつ過程を踏んで取材していったか、記者に率直に質問し話してもらおうと打ちあわせた。カメラを担当する野村とは、アップなしのウエストショットの映像で録画しようと話した。少し抑制した印象を与えるアングルの撮影となる。三月といってもまだまだ寒く、私の研究室では石油ストーブのくたびれたファンが不規則になっていた。
長野放送（フジテレビ系）の浅輪清記者は、放送部の活動がニュースになるかもしれないと、取材クルーもつれて学校に訪れた。取材しているところを取材される奇妙な風景で、インタビューは始まった。

Q…サリン事件が起こったときに、長野放送はどのくらいの人数で取材をしましたか。

A…【浅輪】夜の発生でしたから、発生現場に近い松本支社の取材態勢をぜんぶ投入しました。具体的には記者二人、カメラマン三人が現場へ入りました。夜明けになるにつれて犠牲者の数や範囲が広くなって、普通のガス漏れの事故ではなく、どうも事件だという可能性がでてきたところで、長野の本社から記者三名とカメラマン、それから中継技術が駆けつけました。

テレビですから、現場から全国に向けて生で映像や情報がだせるように、朝四時半か五時くらいには現場にスタンバイしました。そして、五時五十分から「めざましテレビ」というニュース番組に一報を流し、現場から私がしゃべりました。五時五十分の時点で事件のニュースを伝えたのは、おそらく全国で長野放送がいちばん速かったのではないかと思います。他局は六時からのところ、偶然、番組編成上、五時五十分からニュース枠があったというだけですが。その日、現場は四クルーか五クルーいたと思います。それ以外にもちろん応援部隊も入りましたし、長野の本社でも電話取材とか周辺の取材に入りましたから、全社的にその日は一日中その事件だけでニュース取材をしました。

Q…取材をしていくうちに、流す情報と流そうかどうか迷う情報はありましたか。

A…あのね、まず何がどこで起きたか状況もわからなくて、とにかくそこに関係した付近の方、目撃した方、実際に被害にあった方から情報を集めて、どんなことを目撃したのか、知ったのかを集めて、それをつぎつぎと長野市の本社デスクへ上げていくんですね。それをまたフィードバックして自分で聞きなおしました。とくにぼくの場合はニュースを現場から伝えるリポーターの役目もありましたので、まず朝の五時五十分のニュースの第一報に何を入れるかって……。

これはもう犠牲者がでていること、原因がわからないこと、都市ガスやプロパンガスの漏れはなかったということですから、犠牲者が亡くなった原因が、水か空気か食べたものか、まったくわからない状況でした。ただとにかく事実としてわかっていたのは、人が亡くなり、おおぜい救急車で運ばれていること、三つのマンションとその近くの住宅に被害者が集中していること。それだけしか伝えてないと思います。

初動態勢については、浅輪記者の話で詳細がわかってきた。フジネットワークの特徴かもしれないが、ワイドショーへの出演など、ひとくちに記者といっても、社によって役割の違いがあった。羽根田は、ワイドショーとニュースの違いやあつかっている部署の違いなどを詳しく質問した。

その後、「薬品・農薬調合ミス」の情報についてインタビューは進んでいく。

東京発で「薬品調合ミス」情報が入る

Q…長野放送では、事件が起こって報道が混乱したことはありますか。

A…【浅輪】具体的に、ぼくが現場で経験したことをとおして答えましょう。二十七日の夜発生してから二十八日昼間一日あって、その日の夜までです。

二十八日夜十時ごろに、まだ何人かの方が亡くなったことくらいしかわかっていないないかで、会社のイスから夜の十一時のニュースを中継するためにスタンバイしていました。そのときに、それまであちこちに現場検証で出入りしていた警察の動きが、第一通報者の河野さんのお宅に集中したんです。その時点では家宅捜索かはわからなかったです。現場は普通ではなく、警察が河野さんのお宅を重点的に捜索していることがわかりました。それを会社につき返して（伝えて）いると警察から発表があり、十一時のニュース直前に警察情報として「第一通報者宅が発生源とみられる。家宅捜索し、薬品類を押収した」という二点が入りました。しかし、そこからが混乱した情報の話になります。

私どもは現場で、薬品類を押収して警察が段ボール箱に入れて持ち帰ったところを、自分たちで取材し、映像に収めて事実確認もとった。もちろん、警察が家宅捜索を終えてでてくるところもわかった。これはまちがいないので、この情報を伝えたんです。

ところがもうひとつ、ここで新しい情報が、しかもぼくらを驚かせた「会社員が薬品を調合してミスをしたらしい」という情報が入ってきました。この時点では「薬品を押収したことと家宅捜索」の情報だけだったのに、そこに河野さんが関わるような「会社員がなんらかのミスをして、薬品でガスを発生させたらしい」という未確認の情報、私自身はまったくつかんでいない裏付けのない情報が、東京発で入ってきたんです。東京発というのは系列のフジテレビからの情報でもあり、共同通信の配信も東京発で「ガスを発生させるような調合ミスがあった」という、不確かな情報として入ってきました。自分でもまったく事実かどうかわからなかったのですが、そのときは「落としてはいけない情報」というか「この事件の核心に迫る情報だ」という勘が働きましたし、会社のデスクも「その情報をニュースに入れろ」ということで、十一時のニュースのなかで、自分では確認がとれていないけれど、会社でつかんでしかも自分自身が伝えなければいけない情報だと思い、それ（薬品調合ミス）を伝えました。これが混乱の始まりだと思います。事実かどうかわからない部分のことを、事実であるかのように報道してしまったということですね。

Q…そのときは、浅輪さんとしては流してはいけないとは思わなかったのでしょうか。

A…うーん、そのときは思わなかったですね。むしろすごい情報がつかめたんじゃないかと思っていました。自分はそのときはアナウンサーみたいなものです。最前線にいて自分の言葉で伝えるんですが、自分もふくめて系列の記者がつかんできた情報のなかで、いままでぜんぜんわからなかった部分にポーンと事件の核心に迫る情報が入ってきたことで、もう裏がとれてるかどうかを確認する余裕もなく、なんていうのかな、他局、他社、また自分自身のなかで、だれも知らない新しい情報がここに飛びこんできたと、その情報のまちがいうんぬんよりも、伝えるべき事実だろうと思って伝えましたねえ。

Q…そういうところに、他局との競争意識があるということですか。

A…そうですね、事実は動かないものでひとつしかないんですが、それを伝えるとともに、「速く伝えること」に報道に携わるものとしての使命感があると思うし、自分がつかんだ情報でなくても組織としてつかんでいれば、それは絶対まちがいないものとし、自分の情報として流す。そういう心持ちでふだんから報道にあたっていますよね。だから他社を意識してないっていうと、それはうそであって、意識して報道しています。

Q…キー局であるフジテレビとのつながりは、どの程度のものですか。

A…実際はね、取材はまったくべつべつで、ルートもべつべつですが、それを放送するときにはひとつのチャンネルで、同じ時間で放送していますよね。とくにあの事件では、長野放送の浅輪が伝えることは、全国のフジテレビを見ている人が受ける情報なのです。そんなときはフジテレビからの情報も、長野放送やぼくのところにどんどん入ってくるし、ぼくの情報もフジテレビにはどんどん入れます。ふだんはべつべつですが、大きな事件を伝えるときは情報を共有して、一緒にニュースをつくっている感覚はありますね。ですから自分が取材してなくても、フジテレビで取材した情報として入ってくれば、それはもう自分の情報としてぼくも伝えます。

浅輪記者の話で、初期報道の混乱ぶりや、薬品調合ミス（農薬調合ミスと報道した報道機関もあった）が東京情報だったことがはっきりした。

羽根田、渡辺ともに、何度もうなずいて話に耳を傾け、渡辺は「どうして松本のことが東京で発表されるのか」不思議がっていた。また、共同通信社などの通信社の存在や、キー局と地方局の関係など初めて聞くことばかりで、二人はその後、インタビューを整理するのがたいへんだった。

警察情報とキー局とのはざまで

テレビ信州（日本テレビ系）の大浦記者への取材は、他局の記者が学校に足を運んでくれたので、映像の証言集にするときの絵柄を考え、こちらからお願いして局内で取材させてもらった。照明は二灯持参していったが、テレビ信州の記録（大浦記者はこの活動を番組にしようとしていた）のために局の照明をもう一灯加えた。編集室内はぐっと明るくなった。

「まぶしいね、スタジオ内だとわからないけれど、こうやって照明当てられると、こんなにまぶしいんだ」。大浦記者は驚いたように言った。

「取材される側になると、発見があるでしょ」。土屋さんがいたずらっぽく言った。

「答える人は、これだけでも緊張しちゃいますね」

「それでは大浦さん、よろしくお願いします」。羽根田と渡辺が取材を始めた。

テレビ信州は、「薬品・農薬調合ミス」「タクシー運転手の証言」など、河野氏を犯人あつかいするような情報を流さなかった。しかし、社として謝罪した。それについて、担当だった大浦記者は不満をもっていた。また、キー局である日本テレビとのやりとりは、他局と少し違っていた。

Q…大浦さんは、担当記者として犯人あつかいしていないのに、なぜ会社は謝罪するのかと思わなかったですか。

A…【大浦】謝罪については、現場にいるひとりとして、人権的なことも十分配慮したつもりですし、ニュースのなかでも十分考慮したと思って、正直、個人的な見解で言うと、謝罪がでたときは、「残念だな、現場でこれだけやったのに」という思いはありました。ただ、全体的にニュースを見た場合、一般の視聴者の方にはひじょうにわかりにくいでしょうが、東京キー局の番組をぼくはつくっていません、ローカル番組をメインでやっていて。ただそれを一般の人はひとつのつながりで見ますよね。六時から七時までのニュースで、ニュース全体の流れを見た場合に、視聴者に誤解を与えかねない表現は確かにあったということで、最終的には納得しました。まあ正直、個人的に言うと、やはり謝罪という結果は、現場で配慮してやったつもりですから「ひじょうに残念だ」という思いが、最初はありました。

Q…警察が怪しいと言っているのだから、「怪しい」までは伝えてもいいと思いませんでしたか。

A…確かに当初はありましたが、長野放送センターの報道の責任者ときちんと話して、あくまでも警察は「関心をもっている人物、話を聞きたい人物」とは言っているけれども、テレビ信州としては、その怪しいとかそういった表現やスタンスはとらないという方針を、ニュース報道の現場では確認していました。

Q…結果的に、それはよかったと思いますか。

A…当然、それはよかったことだと思います。

Q…キー局である日本テレビから要望はなかったのでしょうか。

A…当然、日本テレビからも、（ほかの）新聞やテレビでスクープがでた場合に「どうなってるんだ」ということはありましたが、「確認とれてないうちは（報道）できない」と、つっぱねて、という言い方も変ですが、極力テレビ信州としては未確認の情報は、きちんと確認とれてないところではやらなかったし、キー局（日本テレビ）自体もテレビ信州との話しあいもあって、ほぼやらなかったのだと思います。ただキー局ネットのほかの（テレビ信州以外の）ローカル局がどうなっていたかは、ぼくはわかりません。

Q…そのような対応で、キー局とテレビ信州の関係は大丈夫でしたか。

A…大丈夫というか、確認とれていないんですからできないですよね。うちもふくめて、ほとんどの社が、警察情報に頼っていました。その警察に対するマスメディアの強さ（くい込み方）の程度もあると思うんですよ。テレビ信州は、そう強くなかったので確認がとれなかったのが、ひとつの理由だと思っています。あれだけの大きな事件になると、情報の出所が警察だけになってしまうので頼らざるをえないと思います。その情報をだすかださないか判断するのが、それぞれの（局の）問題だと思います。

現場記者には見えない全体像

ＮＨＫ松本支局の安田昌彦記者も、松本美須々ヶ丘高校まで足を運んでくれた。小柄で、とても早口で話す青年だった。研究室で取材の意図を話すと、彼は、河野さんの疑惑が晴れたころ、河野さんの庭で取材したときのエピソードも話したいと言った。私はだいじな話だと感じ、「話せることは、生徒の学習になる部分は積極的に話してほしい」と依頼した。十五分ほど話したあと、研究室の隣にある書道室で取材は始まった。野村がビデオを回し、安坂、羽根田、渡辺が話を聞いた。

Ｑ… 六月二十九日だと思いますが、「会社員は、妻と庭で薬品を使って除草剤をつくろうとしたところ、突然もうもうとしたガスが発生した、などと話していたということで、捜査本部では有毒ガスが周辺に流れだして被害が広がったものとみています」という内容がＮＨＫのニュースで流れましたけど、なぜですか。

Ａ…【安田】そのニュースを聞いたときは、ぼくも驚いたんですよ。「あっ、でてる」って。現場はね、ひじょうにたくさんの人数で取材していて、みんなが全体をわかって仕事しているわけではなく、ほんとに分業、分業で細分化された仕事をするわけです。たとえば、ぼくらみたいな地方局にいる若い記者はとくに、おまえはこの部分だけをやれ、おまえはこの人だけをマークしろというように取材するから、全体のことはほんとにわからないんだよ。だから、このニュースについて、どういう情報が、どこからどう入って、どういう判断ででたかというのは、ぼくにはわからないですね。だしてほしくなかったとはもちろん、言えますけど。どうしてでたかと言えば、どうしてなんだろうな。だせる情報なのか、だせない情報なのかはね、きっとNHKとしてもすごく悩んだんじゃないかな。これだけ組織が大きいと、われわれ現場のヒラの記者には、わからない部分ですね。

Q…七月三日の朝九時に有毒ガスがサリンだと発表がありましたが（捜査本部による記者会見）、その後、取材で変わったことはありますか。

A…やっぱりそれ以降は、サリンに対する取材が化学の方向ばかりになりましたよ。それで、ぼくなんかは化学に対して素人なんですが、化学の基礎知識から有機リン系とは何か、化学式や亀の子はぜんぜんわからないから、サリンは手が五本あり酸素と二つの手を結んで二重結合だよというところから勉強しはじめました。化学のほうの取材は、サリンをつくるにはどういう薬品が必要か、どういう器具が必要か、こんな方法もあんな方法もあるらしい、この試薬はどうやれば手に入るか、買わなくてもつくれるか、……とにかくそういう方向に取材は集中しましたね。

きっと、河野さんのことを聞きたいと思うんだけど、河野さんに関しては、もし河野さんだとしたら、サリンがつくれるだろうか、ひじょうに気になった話ですね。河野さんのお宅から任意提出の物もふくめて、いくつか薬品が押収されましたよね。その薬品からサリンがつくれないってことはわかっていましたし、公表されていました。いま思えば、そこがひとつのターニング・ポイントだったと思うんですよ。そこで、河野さんの疑いっていうのは、もっとすっきり晴れればよかったんでしょうが、そうはいかなかったですね。

ＮＨＫの取材だって、もちろん化学に視点を向けて、ぼくの取材も化学に変わったけれども、そのなかの一部では、河野さんとの関係を捨てきれてないっていう意識がありました。なんていうか、うまく言えないけど、サリンがこうしてできるとしたら、だれがつくりうる人なのか。そのなかに河野さんが入ってくるという視点もあったんですよ。やっぱり、それだけではないけれど、スパッと、サリンてわかったから河野さんからわれわれの関心が離れたっていうことではないですね。

事件当時の話を聞き、安田記者個人としてどうしていったらよいと思うか、その発生当時からこの事件に関係してどのように感じているか、という質問に移っていった。彼はおもむろに写真立てを取りだした。そこにはハーブの葉が「押し葉」にして納められていた。

河野さんから託されたメッセージ

Q…この事件をとおして、これからどうしていきたいと思っていますか。

A…【安田】やっぱりこんな経験したんだから、絶対にくり返してはならないと思うんですよ。関わったみんなもそう思っていると思います。とにかくその渦中にいたわけで、絶対にくり返してはいけないって思っています。しかし、具体的にどうしたらくり返さないかと考えると、わかんないんですよ、これね。今回どうしてこういう結果になったか。ひとつには、事件が起こった場合には、警察に取材すること、絶対必要なんです。今回の失敗は、警察情報を鵜呑《うの》みにしたからとよく言われるけれど、それも真実ではあるよね。だから、警察への取材の方法をあらためなきゃいけないのかもしれない。でも、ニュースは速くださなければだめな面もあって、「警察はどういう見方をして、どう動いているのか」という独自情報をとらないと仕事にならないし、やってはいかなくてはならないんです。ただ、その方法だと、また今回と同じことが起きかねないんだよね。絶対起こしちゃいけないのに、どうしたらいいか、まだ具体的にはわからないんです。でも、ずっと考えていきたいと思っていますが。

Q…河野さんのお庭でインタビューしたときのエピソードを話していただけますか。

A…ちょうど事件から一年たったときかな、河野さんのこの一年をふり返るニュースをつくっていて、お庭でインタビューさせてもらいました。あれも確か、日曜日の朝早い七時ごろだったかな。インタビューしたあと、お庭を見せてもらったんです。
そのとき「これはなんの葉っぱなんですか」「なに植えているんですか」と聞くと、河野さん、楽しそうに話してくれました。河野さんは、いっぱい植物を植えられていて「これはドクダミだよ、これでお茶を飲むんだよ」とかね。「これはローズマリーだよ、ミントも栽培していてね、においかいでごらん」「ここではね、キノコの菌を植えていてね、キノコを採って食べてるんですよ」という話をしていたんです。

「そうなんですか、いろいろ家庭菜園してるんですね」と聞いてみたら、河野さんがふっとおれの顔見てね、「だからね、庭で除草剤なんてつくるわけないんですよ。どうしてあんな情報でたんですかね」と、じーっと目を見て言われたんですよ。そのとき、ドキッとしてね、何も言えなかった。

黙っちゃってね、言おうとしたんだけど何も言えなくて、あのことは忘れられないのですよ。だからそのときの花や葉っぱをポケットに入れて、家に帰ったら押し花にしてとってあるんです。これを部屋に置いておいて、この失敗を忘れないように、ずっと考えつづけていこうと思っています。

河野さんがあそこで言いたかったのは、警察とか消防とか、どこからの情報かはともかくとして、除草剤つくっているっていう情報にわれわれNHKは飛びついて報道したわけです。もちろん慎重な判断もあったわけだけれど、そういう情報をすぐ報道したわけです。河野さんが庭でね、ドクダミやキノコやミントを栽培してるということは、その当時はぜんぜん知らなかったことで、確認しないで、どうしてそういうニュースを流すんだと、河野さんは言いたかったんだと思うんだ。取材って、その程度のものなのかとね。ただ、あの当時、庭には警察の規制線があるからぼくたちも入れないし、栽培してる葉を見ても、思いこんでいる状況では、それが目に入ったかどうかわからないけどね。

Q…そういうお話を聞いて、自分やマスメディアのやってきた報道について考えましたか。

A…　考えたさ、いまも考えてるし、ずっと考えつづけていかないといけないことだね。なかなか、日々の仕事も忙しいから、そればっかり考えてるわけにはいかないけど、考えつづけていかないといけないと思うんだよ。どうやったら直るのか、直していけるのか、今回みたいな失敗が起きないようにしていけるのかという具体的な方法は、自分のなかではハッキリとは見つかっていないけれど、とにかく現場でこれからこの仕事を続けていくぼくらが、考えつづけていって、なにか少しずつでも、個人レベルでも変えていくしかないって思ってるし、そうしていきたいと思っています。

一時間ほど取材したあと、最後にこんな会話をした。


【安坂】きちんと話してくれて、私たちも考えなきゃいけないと感じました。

【安田】難しいでしょ、こんなのまとめるの。

【林】まとまるかどうかは二の次なんです、勉強できればいいと思っている部分もあってやってるのですが……。

【安田】インタビューするとき、ぼくもそうなんだけどさ、聞きたい話を引きだすじゃない。なかなかスパーンとしたいい答えが返ってこないとき、これだめだな、お、ここ使えるかなって思うよね。そんなときはね、「あっ、いまの話すごくよかったですね、もうちょっとコンパクトに言ってもらえないでしょうか」って言ったほうがいいよ。インタビューはそういうものだからね。私にも、そういうふうに言ってもらっていいんですよ。そうは言ってみても、今回しゃべっていて、なんかだらだらした話になって、これは使えないだろうなって思っているんですけどね（笑い）。

押し葉をわざわざ持ってきてくれて、若い高校生に対してテレビ報道の問題点、取材の問題点を広くレクチャーしたいと思っている姿に、とても好感をもった。彼の話で、おおぜいで取材することの問題点がイメージできた。

真犯人があがるまで訂正できない？

このような状態で、四局の一回めの取材は終わった。私はマスメディアについて、構造や組織など一般の人よりも知っているつもりだった。しかし、「ああ、そうだったのか」とびっくりするような実態がこのインタビューのなかにいくつもあり、部員にとってみれば、一つひとつの言葉が語る「報道のようす」がどれも新しく、発見の連続だったようだ。

取材した羽根田たちは、とくに初期報道における混乱や、記者個人の心の痛みやジレンマについて、強く共感していた。記者の人間性や良心にふれ、いままで「マスメディアなんて、テレビ報道なんて」と怒りのかたまりだったのに、記者を擁護する感想もでてきて、ずいぶん変化したことに本人たち自身が驚いていた。その感覚は、羽根田たちだけではなく、いっしょに取材している私たち顧問も同じだった。

これまでも社会問題をあつかった作品制作をずいぶんおこなってきたが、ひとつの問題に対して、さまざまな立場の人に長時間インタビューし、同じ質問をくり返しながら関係者の考えを聞いたことはなかった。つぎはぎのインタビュー、断片的な事実確認……、そのなかで作品を構成してきた。そのような取材ではわからなかったことが、今回の取材ではあきらかになっていった。こんな経験も初めてだった。私たちもまた、作品制作方法をマスメディアのフレームで学んできたが、現在おこなっている取材方法は、あきらかにその手法とは異なっていた。

松本サリン事件の現場で同じ空間で展開された報道合戦を、各記者がそれぞれの言葉で意識化し言語化していった。そこから現れる実態は、部員や私が想像していた状況とは大きくかけ離れ、考えていたよりももっと人間的で原始的な作業だった。

いよいよ信越放送（TBS系）の取材の日がやってきた。羽根田、渡辺、野村を車に乗せて高速道路で長野市に向かった。車のなかでは、今日のインタビューの進め方を四人で話しあった。ここまで取材を重ねてきて、取材の日は羽根田と渡辺は言葉が少なくなり、元気がなくなっていった。ほかの作品の取材ではこんなことはない。それだけこの取材自体が難しいことを物語っていた。

信越放送に近づくと、長野市の空はどんよりと曇っていた。まえにも書いたように、信越放送は他社に比べて取材を受けることを最初から構えているようだった。取材相手は、報道の責任者である中島克彦報道部長に落ち着いた。取材できるだけでも成功というほかない。

信越放送の応接室に通され、私たちは照明やカメラの準備を始めた。

「高校の放送部もイッチョマエの機材を持つようになったんだね」と茶化されながら、野村は中島報道部長にピンマイクをつけた。中島報道部長は、このテープは何分録画できるのかと聞いた。ハイエイトの業務用機器で取材していたので、二時間録画できることを伝えた。ちょうどそのとき野村が、カメラのアングルを決め、テープを回しはじめた。テープの冒頭は、つぎのやりとりから録画されることになる。

「はっはっはっ。百二十分も回したら、ろくなことにならないよ」

「だいたい、インタビューが終わったところから本音がでるんですけどねえ」

「はっはっはっ。はい、それじゃあ、いってみましょうか」

中島報道部長のインタビューが始まった。いままでの現場の記者とはまったく違った雰囲気の取材となった。威圧感のある返答に生徒は質問がとだえがちになり、私も質問にわりこんだ。

Q…河野さんにずいぶん長く疑いをかけていらっしゃったわけですが、それはなぜですか。

A…【中島】転換する点がなかなか見つからなかったということです。いま思えば、何回かのポイントはあったと思います。いちばんのポイントは、(九四年)七月の初旬。あの、上九一色村で悪臭騒ぎがあったときです。これは地元では、ほとんど環境問題のようなあつかいだったんです。地元の新聞もとり寄せましたが、ごくごく小さいあつかいで。それをさらに追求しなかったということですね。(すべての)マスコミに共通ですが、ターニング・ポイントとしてそのときに上九一色村に行けば、「オウム」がもっと早く浮かんできたのではと思います。それから、松本の河野さんのお宅から押収した物質でサリンはつくれないことが、はっきりしたときですね。これもひとつの転換点ではなかったかと思います。（中略）

年明けに、松本に宇宙服を着た男がいたという証言がでてきました。私どもが具体的にこの情報をつかんだのが、九四年の九月ごろだったんですがねえ。オウム真理教の特定の名前があがって、その彼が、とにかくありとあらゆる薬品を集め、サリンの原料になるものも集めている、ということがでてきたのです。松本サリン事件について九月ぐらいからは、オウム真理教の影がチラチラでてきていたと言えるのですが、警察の壁やら（があって）、それらがみんなつながらなかったのです。そして確かに一年近く、河野さんに疑いをかけたまま来てしまっていたというのは、まことに申し訳ないと思っています。

Q…どうして転換できなかったのかというところが、いちばんお聞きしたいところです。

A…だから、それは真犯人があがれば、いちばんはっきりするわけです。（中略）六月一日に、私ども、松本サリン事件実行犯を特定できたと、全国のマスコミのなかでは最初にあげたんです。その段階で、「河野さんはまったく無関係である」ということを、私どもも、確信をもって河野さんにお詫びし、放送でもお詫びしているという結果なんです。こちらで六月一日にやったというのは、テレビでは全国で最初だと思いますよ。それから、県下のマスコミのなかでも、最初に具体的にだしたという経過はありましたが。

Q… 疑いはかけていたけど、どうも違うらしいというかたちで転換された。キー局の「スペースJ」と「ザ・ニュースキャスター」が、テレビでは重要な番組になりそうですが。

A… これも矛盾しますが、同じTBS系列のなかでね――「スペースJ」というのは報道局でやっとる番組ですが――結局、同じ報道局のなかでも、同じ系列のなかでも、みんな違う見解でやるんだということです。私どもは、私どもの取材範囲のなかでは、そういう結論的なことが情報としてあがっていた、という経過ですね。

Q… そういうこと、というのは?

A… うん、だから河野さんに最初の一定の疑いがかかったときのまんまできている、ということです。


中島さんは憮然とし、「これは、生徒の勉強ですか、それとも先生の勉強ですか」と聞いた。高校の活動を「生徒がおこなう活動と先生のおこなう活動」に分けるのは、私はナンセンスだと思う。高校野球であれバレーボールであれ、協働作業があって成立している。とくに表現系の活動は生徒だけではなかなか深まらないし、純粋に生徒だけでおこなう活動をよしとするのであれば、それは放任ということだ。あまりにも学校の教育活動についてマスメディアの人は無知だと思った。と同時に、「待てよ」という思いが頭をよぎる。学校も、テレビ局と同様で、だれでも知っているがだれにも見えていないところなのかもしれない。うすうす感じていたことが、テレビ局の取材のなかで、異なったかたちとテーマになって輪郭をもっていった。それがのちのち、私たちの活動を広げることになる。このときに、中島報道部長から強く不快感を示されたことは、もしかしたら感謝しなければならないのかもしれない（当時はそう思えなかったが）。

マスメディアの「弱さ」にふれて

羽根田と渡辺は、一回めの取材を踏まえ、すべてのインタビューを文字に起こしながら、テレビ報道の問題点を絞っていった。当時の新聞記事、テレビ各局記者、報道責任者、そして当事者の河野さんのインタビューなど、概略を知る素材はそろった。そのなかでいったい何が問題だったのか。担当の二人の仕事は彼女たちの、そして私たち顧問の能力を超えていた。いままでの作品制作では、取材を重ね、制作をしていくなかで、だんだん楽しくなっていくことが多かった。しかし、今回は違う。渡辺は率直に言った。

「テレビメディアの弱さというか、テレビ局の報道の弱さが見えたような気がする。ぜんぜんいままでのイメージと違ってきた」

部員たちは、怒りをもって取材に入りながら、送り手の論理や現状にふれた。その率直な感想が「弱さ」だった。この言葉は新鮮だった。渡辺は続けて、「報道という部署の権威はまだプンプンするけれど、記者一人ひとりが、とても痛みを感じて、傷ついている」。

羽根田も大きくうなずき、「テレビ局は傲慢なところと思っていたけれど、一人ひとりの記者は違う」と言った。

いままではブラウン管という装置が伝えているかのように思われたニュースを、彼女たちは「人が伝えるもの」としてとらえはじめていた。

「そう思うのなら、記者個人が人間の良心を痛め、真摯に報道被害を反省している、という番組にすればいいよ」と投げかけてみたが、渡辺は黙っていた。

「そう簡単でもなさそうですね」。羽根田も同意はできないようだった。彼女たちが素直に首を縦に振れないわだかまりが、いまのテレビ報道の問題点の本質を示していると感じていた。

このときの気持ちを、羽根田はつぎのようにふり返る。

●一人ひとりの記者と向きあう

羽根田綾子

最初は、素直に自分が感じてきた報道の矛盾を記者の方たちにぶつけていきました。「なぜあのような情報になってしまったのか」「なぜ報道の切りかえができなかったのか」「なぜちゃんと謝罪をしなかったのか」、聞きたいことは山ほどありましたが、インタビューのプロである記者の皆さんへの取材は、なかなか思ったように進みませんでした。なにより、自分が勝手に想像していたマスメディアの動き、記者の仕事とは大きなギャップがあり、取材が進むにつれて、自分の考えが甘かったことに気づかされました。

なかなかうまくいかない取材活動のなかで、ある記者から、「ちゃんと事件報道を調べた？　そうじゃないと、あなたたちも同じことになるよ」と言われました。そこで初めて報道という仕事の怖さに気づかされ、報道に携わる人が陥りやすい部分を実体験したという感じがしました。そして、それと同時に記者の方たちの葛藤を知りました。私たちの「この事件は教訓になりましたか」という質問に対して、多くの記者が「教訓にはなったけど、同じことがくり返されるのではないか」と答えています。私もこの取材をとおして、マスメディアに対する単純な怒りだけではない感情をもつようになっていきました。

多くの記者の方たちがマスメディアという組織のなかのひとりであるにもかかわらず、自分のした取材を情報としていかしてもらえない、どこからでてきた情報かわからないものを、時間に追われ読みあげるだけのリポートをしていたとふり返ります。マスメディアという体制のなかで、一人ひとりの記者は、私たちと同じ疑問や矛盾を抱えながら取材をしていたことがわかりました。そして、松本サリン事件を経験した一人ひとりは、この事件報道を教訓にしようとしていることも、痛いほど伝わってきました。

結局、羽根田、渡辺と何度か話した結果は、「一人ひとりの記者は傷ついていても、またどこかで同じことがくり返されるであろう」という感触だった。集めた資料とMDをまえにして、二度めの取材をおこなうために、大きな作品の構成と質問事項をつぎの五点に集約した。

（1）薬品・農薬調合ミスという報道が、なぜおこなわれたか
（2）いつ、容疑者の疑いを河野さんから移したか
（3）どうして、河野さんを被害者としてあつかえなかったのか（転換点）
（4）テレビ報道の商品性とその責任のとり方
（5）結局、この事件報道で、テレビは何を伝えたのか

二……「テレビは何を伝えたか」音声作品づくり

二度めの取材は、できるだけ各社の社屋でおこなうことにした。長野朝日放送（テレビ朝日系）の唐沢真理子記者はスケジュールの都合から、松本美須々ヶ丘高校で取材することになった。唐沢記者は小柄でとても元気のいい記者だったが、マスメディアと社会構造について悩んでいるようすで、この記憶や経験はほかにいかされないと悲観的だった。

「出口がない」と語った記者

Q…今回のようなことが、もうくり返されないと思いますか。

A…【唐沢】くり返したくないですが、それは、わからないです。

Q…どうしてですか。

A…うーん。それは、そのつど事件に携わる人間が違いますから。ふたたび長野県内で同じような事件・事故が起きて、同じような構造になったときには、ちょっと待てよと思う人がたぶん多いと思います。ただ、それが別の場所で起きたときに、そこに携わる記者は別の顔ぶれですよね。いろいろ問題意識をもっている人たちがそこで携われば、またいろんな方向へ行くのでしょうが、ドワーとみんなで行って情報の少ないなかでむさぼるように取材していったときに、どういう結果になるかはわからないですよね。それに、一年後に地下鉄サリン起きたけれど、松本サリン事件から一年もたっていないのに、そのときの教訓がいきたとは私は思っていません。たまたまオウム真理教を逮捕して事件の証拠がでてきたからまるく収まりましたが、あれがでてこなかったら、まるっきり松本サリンと同じことのくり返しじゃなかったですか。そうは思いませんか。

Q…もしオウムが犯人じゃなかったら……。

A…いや、犯人だったとしても、証拠がでてきているから「ああ、そうなんだ」と思うだけで、結局、構造としてまったく同じだったと私は思います。

Q…このようなことはくり返されるのか、唐沢さんの言葉で答えてください。

A…こういう出来事があって、いろいろみんな考えても、取材の方法や態勢はなんら変わってないわけですよね。批判を受けた記者クラブ制度も、だからといって記者クラブをなくそうなんて怖くて私たちもできないですし、そういう問題が起きても、態勢を変えるのはやっぱりできないと思うんです。これまで先輩方が培ってきたものがあり、そこに乗って私たちは取材をしていくのですが、それを覆して新しいものをつくろうということは難しくて、取材態勢を変えることはできないと思います。いまの状況を見て、いまよりもさらにいい取材態勢、取材方法は、不可能に近いくらい別の方法がないと思うんですよ。ですから結局、同じ態勢で取材していけば、個人個人の心がけがあったとしても、結局マスメディア全体で世の中の情報をつくりあげていってしまうのは構造として変わらないから、「今回の事件があったので、私たちは教訓にしました。もうしません」とは言いきれないと思います。
情報をみんなでつくっていく怖さがあると思うんですよ。自分のところはこう言ったつもりでも、ほかのところが同じ事件に対して違う見方で記事をだしていけば、新聞の読者やテレビの視聴者は自分たちのだしたものだけ見ていてくれるわけではありませんから。ほかの局のニュースも見るだろうし、新聞も読むだろうし、ワイドショーも見るだろうし、そういったなかで情報がつくられていくものだと思うんですよね。ですから、これは、私たちの取材態勢がもし変わったとしても、社会全体の構造は変わらないから、これは、うーん、出口がないような気がするんですけどね。お答えにならなくてすみません。

Q…ありがとうございました。十分です。

A…そうかしら。

Q…出口がないって言葉がとても印象的でした。

A…だって、ないでしょ。ないでしょっていうか、あったら私が聞きたいですわ、ほんとうに。

唐沢記者の言葉が、現在のマスメディアと受け手の関係を象徴していると思った。出口がない。だからずっとこのような問題はくり返されてきた。そして、これからもくり返すのだろうと、インタビューのあと、雰囲気は落ち込んだ。

閲覧可能期間三か月をめぐる攻防

二度めの取材は必要事項だけ再度インタビューする旨を伝えてあり、四社は三十分程度のインタビューで終わった。しかし、信越放送（TBS系）はそうならなかった。生徒の質問がテレビ局の責任と検証可能性、放送素材の閲覧に及んだとき、中島報道部長は声を荒立てた。

Q…新聞はずっと残っていて検証できる、テレビは影響力が大きいにもかかわらず、それを検証できません。それについて中島さん個人としてでもいいので、答えてください。

A…【中島】かたくるしいこと言うかもしれませんが、検証する期間は三か月に延びているんですよね。当事者が異議を申し立てられるのは三か月になり、その間の映像はすべて保存することになりました。今回の事件については、一年すぎてもうすぐ二年になりますので、もうありませんが。検証できないとは、よく意味がわかりません。

Q…三か月というのは、一般の市民にとってはあまりにも短い感じがするんですけれど、どうしてそんなに短い期間なのですか。

A…んー、それは物理的な問題もありますけどね。延長されて三か月になったんですよね、放送法が……。

Q…三か月間で訴えを起こせなかったら、もう見せませんということですか。

A…じゃ、どれくらいの長さにすればいいわけ。

話が、延長された三か月の閲覧可能期間に終始するので、私も口をはさんだ。

Q…【林】たまたま河野さんのときは一年ぐらいで解決したからいいけれど、新聞もふくめて、冤罪をつくる構造がマスメディアのなかにあるでしょう。（中略）新聞の場合は一年たとうが二年たとうが、記事は消えません。テレビの場合は送りっぱなしで、三か月たったら、もう検証することもできないわけじゃないですか、放送された人にとって。それで十分なのでしょうか。物理的な問題もあるかもしれないけど、テレビ業界の意識の欠如が問題だと思うんです。

A…【中島】私どもの放送は一定期間で消えるからどうのこうの、という意識はぜんぜんありませんけれどね。一瞬だせばそれで同じだと思いますけど。

Q…どんな映像を使ったかということが問題になってくると思うんですよね。

A…検証するチャンスを与えろってことですか。

Q…そうです。それについてきちんと応えるべきだと思うんです。そうでなければ報道され損で、被害を受けたものは絶対浮かばれない。

A…それはそうです。ですから、そういうことがないようにしようという前提でやってますけど。

Q…でも、おそらくくり返されるでしょう。

A…私どもはくり返さないようにしています。くり返さないように努力はしてます。

Q…テレビメディアのもっている構造は変わりませんよね。

A…まあ、どこでもそうですけどね。そういう構造をふくんでいるという指摘の趣旨は受けとめましょう。検証する機会うんぬん、具体的にいつまで放送素材を残しておくのかもふくめてやるとすれば、公的な施設でもつくらないと難しいと思いますね。どうしても検証ってことになると、裁判ってことになりますね。

Q…裁判になるまえに、放送したものを確認することが必要ではないですか。

A…三か月ですからね。だから、そういう可能性があるときは三か月のあいだに直ちに行動を起こしてくださいよっていうことですよね。


結局、中島報道部長のインタビューは最後のところで平行線となった。取材をした関係者のなかで、中島さんだけが報道部長として責任ある立場であり、結果的に現在の構造の問題点を簡単に認めることができない立場であることはわかっていた。しかし、あまりにもかたくなな対応に悲しくなった。どうしてそこまでガードしなくてはならないのだろう。現在のテレビ報道を象徴しているように思う。

「中島さんは、何と戦っているんだろう。どうしてぼくたちを敵のように見るのかな」

「中島さんには、ほかの記者みたいに人間として傷ついているところが見えない」

野村と羽根田が、帰りの車のなかで率直な感想を言った。

「責任者という立場だから無理ないところもあるよ」と私は応じた。自分が同じ立場だったらと思うと、理解できるところもある。しかし、中島さんのインタビューは二回とも、高校生に対して余裕ある大人の対応とは思えなかった。

私たちが報道の構造的な問題を乗り越えていくためには、放送局の感覚が人間的なやさしさや市民の現場にどれほど近づけるかにかかっている。送り手が、反対の立場、被取材者の立場にたって考える柔軟さを失っているから、このような問題が起こってくる。送り手の論理の押しつけは、テレビ局にとってもけっして得策ではない。いま求められているのは、報道という名の権威ではなく、市民と同じ視線でものを考えられる報道のシステムのように思う。その視座がなければ、どんなに相反する主張を並べる報道をしたとしても、根本的に何も変わらないのではないか。

取材テープをどんな視点で編集するか

九六年六月、羽根田と渡辺は、半年にわたる取材から得た思いを七分間のラジオ作品に込めた。彼女たちが最終的に伝えたかったのは、「痛みを抱えた記者が個人として反省し、報道被害の再発防止に心がけても、テレビメディアという組織に個人の良心は埋もれ、社会自体をふくめて同じ図式のなか、報道被害がくり返されるであろう」という実感だった。それはテレビメディアを取材したひとりの視聴者としての率直な感想であり、絶望感でもある。それが今回の作品ににじみでればいいと、私は感じていた。

一人の記者に対して二度おこなった取材だったが、結局、一回めの素材を使う部分も多かった。よくあることだが、言いなおされた言葉は文法的には整っているが、被取材者の気持ちが言葉のニュアンスにいきていない場合が多い。

まとめた彼女たちは、マスメディアばかりが悪いわけではないこと、取材した記者たちが傷ついていることもわかっていた。現場の記者の苦悩やジレンマをいかす構成にしながら、しかし、いままで信じていたマスメディアの報道に裏切られた感覚も、捨てきれないようだった。

全体の構成と使うインタビューを確定し、インタビューをつなぐナレーションの内容もほぼ決まった。

「先生、いちおう大きな流れはできました」

日曜日の朝十時。彼女たちはＭＤプレーヤーをスピーカーにつなぎ、いつも私たちが話しあう研究室の大きな作業テーブルの上に置いた。

「この作品は、一日かけてじっくりやろうか」。渡辺は「はい」と言うと、流しに立った。たっぷりとコーヒーを淹《い》れるためだ。そして、仮につないだ十二分の作品を、羽根田、渡辺と一緒に何十回も聞いた。そこからさらに切り落としていき、選んだインタビューは骨と皮になっていった。ＭＤの編集は渡辺がめっぽう速い。「こうしよう」と話すと、たちどころに編集する。なんとか八分くらいに編集されたが、どうもしっくりこない。

「淡々としたナレーションで、よぶんな情報を入れずにインタビューをつなぐと、冷たくなって、報道を送りだす記者や私たちの気持ちというか、それがなくて無機質みたい……」

羽根田が違和感を述べた。

このような社会問題を取りあげて作品化するときには、なるべく客体化した表現がふさわしい場合が多い。今回はその方法でしっくり収まると思っていた。しかし、どうもそれでは表現できないものがあるようだ。メディアをテーマにすると、自然環境や平和の問題などの社会問題をあつかう淡々とした表現方法では伝わらない要素があるのかもしれない。どうしてなのだろう。いままで身近な社会問題を取りあげて作品化してきたときには感じられない違和感だった。

「私とか、あなた、という関係がでてこないと思う」。渡辺が言葉少なに説明した。

「それは、コミュニケーションの原点だよね」

キュルキュルというVTRの編集点を見つける音が突然やんだ。

「ブラウン管という機械が伝えているみたいに思えて、キャスターもアナウンサーも普通の人に見えないんだよ。そこに『人間の痛みとか温かみ』なんて言うから、おかしいんじゃないですか」

研究室の隅っこにいて、ベータカム編集機でビデオ作品の編集をしながらこの話を聞いていた野村が、話にわりこんできた。

確かにテレビ報道は「私とあなた」という一人称と二人称の関係から大きくはずれている。そして、社会に起こる問題を批判はするが、自分たちに対する批判には過剰反応するテレビ局。それでも、記者個人はそのギャップに悩んでいる。この感覚をうまく伝えられるフォーマットはあるのだろうか。伝えられる表現の「型」がほしかった。

ナレーションの主体を「私」にしてみたら

「私というひとりの高校生がテレビ報道に疑問を投げかける、というスタイルでいってみたらどう。

それに、インタビューは一人ひとりの記者の名前をださないで、すべてテレビ局の記者としてあつかったら、『私とあなた』の関係が表現できないかな」。土屋さんの提案だった。

「よし、それでいってみよう」

「私」という特定されないひとりの高校生が、テレビ局の記者に疑問をぶつけ、それに記者たちが答えていくフォーマットに表現方法を改め、彼女たちはナレーションを書き換えてみた。


ナレーション…いま、思い出すと最初の一週間の報道はひどかった。どうして「農薬の調合ミス」なんて言葉がでてきたんだろう。その言葉を聞いて河野さんが犯人かもしれないと思ったのは私だけじゃなかった。

「そのニュースを聞いたときはぼくも驚いた。あっ、でてるって。……」


彼女たちの書き換えはなかなかいい感じだった。ナレーションの安坂の話し方もよかった。問題は最終コメントだった。痛みを感じている記者の人間性か。報道に対する疑問を投げかけるきびしいひとことか。

彼女たちはずっと悩んでいたが、結局、作品の最終コメントは、流れているニュースのSE（サウンド・エフェクト、音響効果）に重ねながら「このニュースも違うかもしれない、そうささやくもう一人の私がいる」と結ぶことになった。この言葉は、テレビ報道に対する期待の裏腹の表現であり、半年間の取材のまとめとして、彼女らの偽らざる気持ちだった。このコメントには送り手から異議を唱える人がいるだろう。しかし、「テレビメディアに対する出口の見えない絶望感」から抜けだす結論を、このとき「私たちの言葉」では見いだせなかった。この時点の私をふくめた制作者の限界である。

視聴者がマスメディアを批判的にみるとき、そこにあるのは、マスメディアがもっている権威性や特権性などに対する市民の抵抗としての、強烈な批判意識だ。しかし、そこには「マスメディアは報道機関として信じうる存在」であり「中立・公正な報道をおこなう、おこなってしかるべき」という「受け手の一方的な信頼や思い込み」も存在している。言葉を換えれば、そう刷り込まれてきた歴史がある。その「呪縛」から抜けだすことは容易でないことを、この作品制作経過は示していた。報道の送り手を取材し、「人間が伝えている」ことを肌感覚としてとらえても、簡単には「テレビメディアに対する呪縛」からは解放されない。そこに、マスメディアを対象とするメディア・リテラシーの難しさが隠れている。

羽根田は、当時をふり返りながら、先に紹介した文章をこう結んでいる。

松本サリン事件のような冤罪報道がおこなわれ、一人ひとりの記者がそれを教訓にしていても、実際の社会ではまた同じような報道がくり返されています。それは、マスメディアという集団になったときの体質そのものが、その後、まったく変わっていないことが原因なのではないでしょうか。もちろん、私たち視聴者の意識が改善されていかないことにも問題はあると思いますが。

彼女たちも、また私も、この作品がすべてを表しているとはとうてい思ってもいなかったが、完成した作品のコピーを取材した記者に送った。その七分の音声作品として完成した「テレビは何を伝えたか」はつぎのような構成となった。

ラジオ版「テレビは何を伝えたか」（一九九五年六月制作、音声作品版の編集構成）

SE…救急車のサイレン

ナレーション…九四年六月二十七日、松本サリン事件が起こった。テレビはどの局も朝からこのニュースを流しつづけていた。結局、あのときのテレビのニュースは私たちに何を伝えたかったのだろう。私はそのとき取材していた長野県のすべてのテレビ局の記者に話を聞いてみた。

「まったく根拠のないことを正確な事実のような印象を与えて、まちがいを伝えたんですね」

「独自の取材ができにくいメディアだということを伝えたような気がする」

「その答えによっては自分自身の首をしめますからね。テレビが伝える情報っていうのはけっこう不確かということでしょうか」

ナレーション…いま、思い出すと最初の一週間の報道はひどかった。どうして「農薬の調合ミス」なんて言葉がでてきたんだろう。その言葉を聞いて河野さんが犯人かもしれないと思ったのは私だけじゃなかった。

「そのニュースを聞いたときはぼくも驚いた。あっ、でてるって。ぼくらは確認できなかったけど、ほかの人が確認をとってだしたんだろうなと思った」

「薬品の調合うんぬんなんてのは捜査本部はいっさい口にしていませんし、いわゆる夜討ち朝駆けのなかででてくる話だと思いますよ」

「たてつづけに現場に立たされて、自分のとこに入った情報を垂れ流しで伝えてしまったっていう部分はありますよね」

「そのときは速く情報を伝えなければいけなかったので、いま考えると確かにあやふやな情報もあったかもしれないですね」

ナレーション…そんな取材で河野さんは一年も犯人あつかいされたままだった。どうして被害者だって言えなかったんだろう。

「私たちはまだ捜査本部の動きから河野さんの疑惑が捨てきれない時期だった」

「切りかえられなかったですね。ぼくらは及び腰だったんですね」

ナレーション…みんな警察の情報に頼ってまちがえたの。でも報道するためには独自に検証しているんでしょ。

「ショックなのは、どの社も程度の差こそあれ、みんないっぺんにまちがってるわけじゃない、だから報道各社の検証の目っていうのはあてにならないということなのだと思います」

ナレーション…それでも半年ぐらいたつうちに、各局で少しずつ伝え方は変わってきたと私は思う。でもみんな同じことを謝った。現場の記者たちはどう感じたんだろう。

「ぼく自身はもっと早くすべきだし、謝罪を明確にだすべきだと思う」

「現場にいるひとりとして、人権のことも十分配慮したつもりですし、ニュースのなかでも十分考慮したと思って、……謝罪がでたときは残念だな、という思いはありました」

ナレーション…記者の人たちも複雑なんだ。でもテレビの番組はテレビ局の商品だよね。欠陥商品をだした責任は。

「報道したことに対する内容の責任はすべて放送局にあると思います」

「私個人にもあったけど、ほかの記者、カメラマンにもあった。全体に責任は平等にあったと思います」

ナレーション…じゃあ、どんなかたちで責任をとったんだろう。

「具体的に社内で降格とかそういうことはありません」

「メディアという側に守られてるというか、これで明日ぼくが仕事がなくなるとかそういう危機感がまったくない」

ナレーション…ただ謝っただけなんだ。ほんとうに反省してるのかな。

「報道にたずさわる人、すごく教訓になって、二度と自分たちで、一緒に仕事してきた人たちはこういうまちがいはやっちゃいけないし、やるつもりもないし、やらないと思います」

「取材態勢がもし変わったとしても社会全体の構造が変わらないから、出口がないような気がする。……あったら私が聞きたいですわ、ほんとうに」

「全体的にまだ手法を抜本的に変えるまでには至っていないです。だから、このままではくり返されていくと思います」

ナレーション…どうして今回の失敗をいかして「くり返さない」と言えないの。

「公的な権力をもっている捜査機関があやまった方向に捜査をすると、二度同じあやまちをくり返す可能性はある。そうかといって、警察に全部おしつけるつもりはありません」

「意識の底には、消えてしまうからいいやというのがやっぱりどこかにある。そんなこと思っちゃいけないというのは、いつも思ってるんだけど、そういう意識の軽さがあることは否定できない」

ナレーション…取材をした記者たちが大きな教訓を得ても、テレビの本質は変わらないようだ。このようなテレビの本質について河野義行さんは――

「放送される側、放送する側が対等な土俵で戦えば安易にできなくなるんです。やっぱ真剣勝負しますから」

SE…現場リポートをするニュースSE

ナレーション…今日もいつもと同じようにテレビは大きなニュースを伝えている。しかし、私のなかに、このニュースも違うかもしれない、そうささやくもう一人の私がいる。

報道部長のきびしい批評

六月十二日、作品のコピーを送った信越放送の中島報道部長から放送部に手紙が届いた。そこには、ワープロでぎっしりと感想が書かれていた。

「テレビを一刀両断に切り捨て、一般受けするようにみえるが、あらかじめ設定されたコンテ（筋書き）に都合のよい音をはめこんだ印象があり、マスメディアへの同様の批判と同じ結果に陥っている」といった内容から始まる批評の要旨は、つぎのようなものだった。

（1）反省・総括し、対策については説明し、それでも今回のようなあやまちを絶対にくり返さないとは言いきれないと述べたが、作品ではそれが「当然だ」と受けとれる。「社の対応が変わらない」という発言と自分の発言を同列に置いてほしくない。

（2）この問題についてあらゆるメディアが、再発防止のために真摯な討論をしたが、作品は「総括と対策」にまったくふれず、この構成で「テレビ報道は信用できない」という根拠がない。しかし、事情・経過を知らない人にはそれでとおってしまうことが怖い。

（3）この問題は「マスメディアの日常生活の本質にかかわる重大な課題」をふくんでいる。この重要なテーマに、まったくコミットしないのではおかしい。

「もう一段進んだレベルの議論をして作品に反映させてほしい」という言葉で締められていた。きびしい内容だったが、わかるところもあった。

取材した部員が感じたテレビ報道の問題点は、取材した範囲では、どうしてもテレビ報道を擁護する結論には達することができなかった。どんなに苦しんで討議されていたかや、そして、今回のようなことはくり返されないという感触も得られなかった。それよりも、また数年して、同じような報道被害が日本のどこかで起こるかもしれないとさえ感じていた。さらに、再発した場合の根本的な対策や問題解決の手段も見えなかった。だから、七分の作品はテレビ局・テレビ報道に対してはきびしい内容になった。それが羽根田や渡辺をふくむ制作者、そして顧問たちの率直な気持ちだった。

私はすぐに中島報道部長に電話をし、作品制作に関わる話しあいの過程や、いまの率直な感想を話した。作品は、だれが話したのか示されない（匿名的あつかいの）インタビュー構成をとっていて、どこの局のだれがコメントしているかはわからない。それは、「テレビメディアが伝える報道」の切り口を「あなた」として、それを受けとる視聴者を「私」という視点にしたからだと説明した。しかし、中島さんはきっと、他局と信越放送を同列にあつかってほしくなかったのだと思う。電話でも理解していただけなかった。

報道責任者という立場から、中島さんはもっともこの問題と向きあっていた。だから、たとえ高校生の作品であっても許せなかったのだと思う。その気持ちも痛いほどわかった。しかし、きっと中島さんでも立場が反対になれば、私と同じことを言っているだろう。作品をつくり、伝えること、その作品を受けとること。作品を介したコミュニケーションの難しさをつくづく感じて、気が重くなった。

三……作品の波紋と実り

この年、一九九六年の第四十三回ＮＨＫ杯全国高校放送コンテストは、快調な出足だった。出品した五作品すべてが県予選、全国の非公開予選を通過し、準決勝に進んでいた。

そして迎えた準決勝。各部門四作品が、ＮＨＫホールでおこなわれる決勝大会に進むことができる。その発表は当日の朝、ホール前の掲示板に張りだされる。まるで、合格発表を見るようなどきどきした緊張感で顔がこわばる。「自分たちの作品名があるのか、ないのか」。頭のなかでは、準決勝に残った二十本の作品の印象がぐるぐるとまわり、「あの作品とこの作品は残るだろう、それならば自分たちの作品は？」、そんな思いを巡らしながら、胃が縮むのがわかる。毎年同じ思いをしているが、それでもこの緊張感に慣れることはなかった。

ＮＨＫ杯全国高校放送コンテスト決勝大会

午前八時三十分、コンテスト運営委員の先生が、丸めた用紙を抱えて掲示板のまえに現れた。アナウンス部門から張りだされていく。続いて朗読部門、ラジオ番組課題部門、ラジオ番組自由部門……。「あった」。隣にいた野村が小さな声で言った。「テレビは何を伝えたか　長野県　松本美須々ヶ丘高等学校」。テレビ番組課題部門、テレビ番組自由部門にも出品作品が残っていた。この日おこなわれる番組部門の決勝は四部門、その三部門に作品が残っていたのだ。前日におこなわれていた創作ドラマ部門決勝の結果は、ラジオドラマが優良賞（四位）に決まっていた。NHKホールでおこなわれる決勝大会に一作品でも残れば、その夕方の発表まで緊張感をもって過ごすことができ、部員にも励みになる。これだけ作品が残れば、ほんとうにしあわせだ。

決勝に残った学校には、NHKホールの一階に指定席が用意される。三つの部門で決勝に残れば、四人ずつ十二人が座れた。このとき部員は二十一人、早朝から並んだかいがあり、残りの部員も二階席最前列に座ることができた。前年度の優勝カップの返還がおこなわれ、いよいよ審査が始まった。ラジオ番組課題部門に続いて自由部門が始まる。

「続いて、エントリー番号Aの六番、長野県松本美須々ヶ丘高校制作『テレビは何を伝えたか』です」。NHKホールの間口の広いステージの上手《かみて》に羽根田が現れ、深くお辞儀をした。ステージ全体の明かりが落ち、上手に座る羽根田だけが浮きあがった。

スピーカーから、救急車のSEが流れ、ナレーションが続く。

「九四年六月二十七日、松本サリン事件が起こった。テレビはどの局も朝からこのニュースを流しつづけていた……」。作品が始まった。七分間の作品が終了すると、しばしの沈黙が続いたあと、ためらいがちの拍手が起こり、それが少しずつ大きくなった。八七年からもう十三年間もこのホールで決勝を見てきたが、このような反応には遭遇したことがなかった。高校生が三千人集まった空間。それも、少なくとも「伝える」ことに自分の高校生活をかけ、放送というメディアに興味を抱いている高校生が集まっている。

作品によって、率直なリアクションが起こり、その反応が順位に影響を与えることもあった。今回の反応をどう解釈するべきか判断に苦しんだ。決勝に進出する作品は、視点を少し変えれば、どの作品が優勝してもおかしくない。賞の評価とはそんなものだ。いっそ、吹奏楽コンクールのように、金・銀・銅の絶対評価にすればよいと私は思っていた。しかし決勝に残ったかぎりは優勝したい。実際に優勝してみれば、これでいいのかとも感じるもので、あまのじゃくと言ってしまえばそれまでだが。

私は、ラジオ番組の作品発表が終わると、いつものティーラウンジに向かった。テレビ番組部門は準決勝で見ているので、おおむね予想はついていた。

ここでもプロからきびしい講評が

午後二時、すべての決勝進出作品の発表が終わり、作品の講評が始まった。アナウンス、朗読部門の講評に続いてラジオ、テレビの作品講評に移る。講評は、NHK学校放送チーフプロデューサーの大西誠さんが担当している。「テレビは何を伝えたか」に関するそのときの講評は、つぎのような内容だった。

●決勝講評

大西　誠

「テレビは何を伝えたか」、これはある面で話題を投げかける番組です。ジャーナリズム、マスコミ、メディアの軽微性であるとか、どうしてそうなるかという事を取り上げている訳ですけど二つ私が感じましたのは、番組を進行する人の一人称／内印象《うちいんしょう》という形、これが良いんだろうか。通常こんな番組を作るときはもっと引いた形で作った方が良いのではないかと思います。（中略）これから優秀な作品は教育テレビなどで発表される訳ですが、はたしてこの番組が放送に乗るかどうか？　放送というのはやはり公共性を持っていまして、これは校内放送でもそうです。そういった場合の注意事項としてお伝えしますと、これを実際に放送するかどうかは、被取材者（取材された方）の許可が必要になります。ですからこの場合、取材した五人の記者の方に聞かないと、一人でも拒否されたら放送できません。あるいは、その人の部分をカットしなければなりません。そうすると番組が成り立たなくなるかもしれません。（中略）

最終的に放送するかどうかは、事実の確認。これは、本当に事実であったかどうか。ひょっとして制作者の思いこみにすぎない場合もあるかも知れないし、それから日付なり表記や名称を言ったとしてもそれが正式名称ではないかも知れません。そういったことは、プロの人間ばかりではなく、皆さんも同様に情報を外に提供するという事については十分注意を払っていただきたいと思います。

（『校内放送研究』102号から）

きびしい講評だった。一人称や内印象で表現することは、作品制作のテクニック上それほど特殊な表現方法ではない。今回は、むしろ高校生に引きつけた表現方法として好感をもって迎えられると思っていた。マスメディアの問題をあつかうと、どうしてきびしく評価されるのであろう。自分が批判されているように感じられるからか、大西プロデューサーの講評は第三者的な評価とは思えなかった。私は隣にいた土屋さんと顔を見あわせた。

「この作品の優勝はないいね」

「かもしれないね。なんだかなあ」

テレビ番組自由部門に出品した「となりのみよちゃんと魔法使い」は、手品師として、また牛乳配達としてとてもいきいきした老後をおくっている夫婦を追った作品で、制作時から好感がもてた。テレビ番組課題部門の「私たちの記念碑」も、戦後五十年を意識した高校生の等身大の取り組みとして、文化祭から生徒がつくる卒業式へと展開する素材自体に力があり、生徒の自由で豊かな表情が際立っていた。そして問題作ラジオ番組自由部門の「テレビは何を伝えたか」は、あきらかにほかの作品とはテーマ性が異なっており、そこで語られる記者の言葉に力があった。私はそうとらえていて、内心、三部門の優勝を期待していたが……。

講評が終わり、NHKホールのステージ下手《しもて》に、司会が登場する。

「それではみなさん、お待たせしました。審査発表に移ります。まず、研究発表部門から発表します。第一位、富山県……」

ホール内に、高校生の悲鳴にも似た歓声がこだまする。毎年この瞬間は同じように緊張する。まるで自分の入試発表を待つときのように……。

「それでは、ラジオ番組自由部門の発表です。第一位最優秀賞、エントリー番号Aの六番、長野県松本美須々ヶ丘高等学校『テレビは何を伝えたか』。……第二位……」

前の座席にいた羽根田と渡辺がこちらを向いた。先ほどの講評のためか、冷めた反応だった。左隣からは、コンテスト委員を務めている福島県桜の聖母学院の阿部教諭が、握手の手をさしのべてくれた。

「まずは一本め、おめでとうございます」

もしかしたら……。三部門同時優勝に手が届くかもしれないという淡い期待をもった。司会の言葉は、つぎの部門に移っていた。

「それではテレビ番組課題部門の結果に移ります。第一位最優秀賞は、Dの四十六番、長野県松本美須々ヶ丘高等学校『私たちの記念碑』……」

このアナウンスに、部員たちは反応した。三列前にいた野村がふり返ってニヤリと笑った。いつも冷静な彼にしては、最大の喜びの表情だった。長崎美子と安坂千恵子が抱きあって喜んでいた。内心期待していたテレビ番組自由部門の「となりのみよちゃんと魔法使い」は三位。担当の伊藤綾と宮野育恵は、あとでつくづく愚痴をこぼした。「全国三位ってすごいはずじゃん、でも二つも優勝しちゃうと、まったくかすんじゃうんだよね、悲しい……」

放送部の顧問を始めて全国大会に初出場した八七年、「一度でいいから決勝に残り、NHKホールで自分たちの作品上映を」と燃えていた同じ客席の場所で、そのころからしたらぜいたくな「がっかり」を体験していた。

それはともかく、いつもどおり、このコンテストで暑い夏は終わるはずだった。

第四十三回ＮＨＫ杯高校放送コンテスト全国大会の結果（一部）
テレビ番組課題部門　「私たちの記念碑」　優勝（文部大臣奨励賞）
ラジオ番組自由部門　「テレビは何を伝えたか」　優勝（文部大臣奨励賞）
テレビ番組自由部門　「となりのみよちゃんと魔法使い」　三位
創作ラジオドラマ部門　「グラフィティ（落書き）」　優良賞（四位）
ラジオ番組課題部門　「まわり道の向こうに」　入選（五位）

この作品は放送できない？

この放送コンテストで決勝に残った作品は、ＮＨＫのそれぞれのメディアで放送される。今回も三つの作品が放送される予定で、これもコンテストの楽しみのひとつだ。しかし、今回は少しようすがおかしかった。コンテスト関係の放送を統括している学校放送の大西誠プロデューサーから電話があり、「テレビは何を伝えたか」（音声作品、七分）の放送にあたって、取材した放送局の記者にもう一度確認をとるよう指示された。「コンテストに出品するまえにも作品のコピーを送り、また優勝した報告もしており、作品の性格上、慎重を期してきた」と伝えたが、とにかく確認をとい
うことだった。

いままでも何度か入賞し、作品が放送されるときには被取材者に放送日の連絡をしたことはある。しかし、今回は「放送してよいかを聞く」という特別な指示だった。なぜ、マスメディアを取材した作品だと異例のあつかいになるのか。取材を受けることに慣れている職種であれば、たとえ高校

生が制作した作品であっても、取材され制作されたあとの発表などについては、取材を受けた段階でわかっているはずである。が、マスメディアの記者が対象となれば違うというのか。釈然としない思いで電話をかけた。四人の記者は「取材されたのですから、編集権はみなさんにあります」と快く承諾してくれた。しかし、信越放送の中島報道部長は、違っていた。以前の手紙にも書いたように、予断と偏見にみちた作品だと思っているので、放送は承諾できないという。

私は耳を疑った。被取材者が作品や番組について承諾できないというならば、放送はしないのだろうか。テレビ局はそうやってすべての番組を放送してきたというのか。であれば、松本サリン事件の報道被害は起こらなかった。私は強く反論した。

「美須々ヶ丘高校の作品が完璧なものだとは、だれも思っていません。放送のプロからみれば、つたない作品でご不満もおありでしょう。しかし、高校生が皆さんを取材し、私をふくめ、放送局の内部を知らない視聴者が長期にわたって討論し、そして削り落とした結果が、あの作品です。高校生の軽い気持ちの批判ではありません」

「放送自体をやめてもらうことができないのなら、私のインタビューだけぬいてください。NK（NHK）に私の声がのることは許せない……」

中島さんとの話しあいは、また平行線をたどった。

私はこの内容をすぐに大西プロデューサーに伝え、中島さんのインタビューをぬき、他の記者の言葉でそれを埋めて作品を編集しなおそうと、渡辺、羽根田と相談した。彼女たちは文句も言わずその作業に入った。私は、中島さんの取材に立ち会ったときのことを思い出して、この理不尽な対応に初めて本気で腹が立った。信越放送は民放の草分けだ。長野県内で、報道では他を引き離す実力もプライドもある。しかし、これほど膠着《こうちゃく》した感性から、どれほど市民の側に立った報道ができるのだろうか。

以前、私たちを取材した記者が、「私が見たことを私の目線で書く」と言って去った。その報道には、当事者と報道する者のあいだにニュアンスの違いがあった。後にそのことを指摘しても「あ、そうでしたか」とその違いに重きをおかなかった。報道し伝えることが、被取材者と取材者のとらえ方のずれを生むのは当然であり、それを十分わかっているのがマスメディアのはずだ。医療・教育問題などで、社会正義を押しだしてキャンペーンを張り批判しながら、自分自身への批判は受け入れられないというのだろうか。批判を受け入れられない組織は、同じことをくり返す。

だからといって、一高校の放送部に何ができるというのだろう。利害関係をもたない高校生がつくった作品も、いざオンエアとなると、世の中のどろどろとしたしがらみにのみこまれていく。NHKもまた、同じ放送業界である。結果は信越放送をはずしたかたちで放送になるだろうと、私は思っていた。

二日たって、大西プロデューサーから電話があった。

「オリジナルの作品を放送することになりましたよ」。大西さんの声は柔らかかった。

私は拍子抜けした。

「信越放送の中島さんは、承諾したのですか」

「中島さんの立場からすれば、言っておられることも理解できます。しかし、この問題は高校生の感覚を放送人として真摯に受けとめましょうと説得しました」

　こうして「テレビは何を伝えたか」は、ＮＨＫラジオ第二放送で無事放送された。

　しかし、一般の人の反響は私たちのところには伝わらなかった。

地元市民とマスメディアとの温度差

　八月下旬、信州の短い夏休みが明け、連日、文化祭の準備が徹夜でおこなわれていた。

　放送部は、開祭式と期間中の公開放送、各イベントのＰＡ（音響装置）および進行の準備と、部員の総力戦を強いられる。とくにこの年は、松本美須々ヶ丘高校放送部として初めて二部門で全国優勝をはたした年でもあり、文化祭中の公開放送と上映会に力を入れた。なかでも「テレビは何を伝えたか」については、優勝したことが新聞などで伝えられてから、「どこで聞くことができるのか」という問い合わせもあった。いままでの経験から、問い合わせの約五倍ほどの訪問者があるはずだった。

「イスを二十席にして、上映の回数も増やそう、公開放送の会場レイアウトも変えて……」

　マネージャーの羽根田に指示した。

「はーい」。文化祭初日のイベントとして放送部が企画する「開祭式」が終わると、みんなとてもテンションが高くなる。機嫌よく準備は進んだ。

　しかし、一般公開の土・日になって、その期待は裏切られた。訪れた観客は、松本サリン事件の関係者以外、一般の観客は少なかった。公開放送に訪れる人の数は若干増加したが、事前の問い合わせから予想した数にはとうてい達しなかった。訪れた人のなかには、警察関係者、新聞記者、弁護士、河野義行さんを支援する会の皆さんがふくまれていた。これを、どのように理解すればいいのか。

松本サリン事件は、長野県で起こったひじょうに大きな事件である。その報道被害についても、地域の人の関心は高いはずだった。もしかしたら、これは、市民のマスメディアに対する諦めの表れなのか。誤報の問題は、マスメディアの関係者が感じているほど、市民は自分のこととしてとらえていないのかもしれない。逆から言えば、それほどマスメディアは現代社会において、一般の感覚から乖離《かいり》した存在になっていることになる。このとき、マスメディアと視聴者・市民の関係は一筋縄ではいかない、ずいぶん根が深い問題だと痛感させられた。

公開放送のときにとったアンケートに書かれた感想の一部を載せておきたい。

●「テレビは何を伝えたか」公開放送に関する感想

・テレビだけが誤った報道をしたわけではない。
・私はテレビから情報を得るのがほとんどだけど、全部がほんとうのことだとはいえないことがわかった。
・やはりマスメディアは正確かつ迅速でならねばならぬが、しっかりとした下調べ・地道な聞き込み等していかねばならないと思った。
・作り手が何も説明を加えず、視聴者に判断をさせる手法がよかった。

・証言者に長くしゃべらせないのがよかった。長いと、視聴者が見聞きしていて飽きがくる。
・すべてのメディアにおいて、噂など不正確な情報が流れているなか、自分で情報の善し悪しを判断する能力が必要であることを痛感した。これからの時代、情報が価値をもつようになるが、今後、必然的にその能力をつけなければならないだろう。

「なぜ」を追求し、協働でつくる

こうしてやっと九六年の暑い夏が終わり、羽根田たちは大学受験に突入していった。この年も部員たちは、特別推薦やAO入試で、ほぼ十一月中旬には自分の進路を決めた。

毎日六時間を超えるクラブ活動で、入試向きの学力には不安を残した。しかし、こうして三年間過ごし、特別推薦、AO入試で大学へ進んだものは、ゼミで力を発揮し、成績もよい学生が多い。それは当然だと思う。

私は、この活動を始めてすぐに気がついたことがある。どんなに苦しい調査活動でも、どんなにきびしい学習環境でも、自分が見つけた疑問に対して、生徒たちはくいついてくる。それは、自分の気づいた「なぜ」を追求できるからであり、世の中が「わりきれることばかり」ではなく、「矛盾をはらんでいること」を体感できるからだ。とくに、社会科学の分野において、教科書で示される象徴化された答えや結論ではなく、自分が調べた「一次情報から導きだす結論のおもしろさや醍醐味」を、彼らは感じていたのだと思う。

私たち顧問には、彼らが納得いくまでその疑問を追いかけられる環境をつくること、そして生徒にとって乗り越えるべきひとつのハードルとなり、ともに考えながら協働作業をおこなっていくことが求められた。それは、教える・教わるという関係ではけっして成りたたない、指導者である大人と活動の主体である生徒とが、たがいの特性をいかしたコミュニティを形成してはじめて成りたつことでもあった。

私はこのような活動を、「生徒だけで自主的におこなってきた」などとは、けっして言わない。部員である生徒、その保護者、そして私たち顧問との協働作業で成りたってきたことであり、このような形態をとって活動できたからこそ、生徒は人間として育ち、その過程を経て完成した数かずの作品が評価を得ることもできた。

この放送部の活動には「総合」という文字がよく似合う。あつかっている内容、そしてそれを学んでいく方法においても、「総合」という表現がもっともあてはまるのだと思う。しかし、それを指導する側にとってみれば、膨大な時間をともに費やすことができる環境をもち、自分自身が学ぶ楽しさを感じないかぎり不可能な活動かもしれない。「一般的にだれでもどこでもできる活動か」と問われれば、答えに困る。カリキュラムで組まれた時間のなかで効果を上げるには、相当の仕掛けが必要だろう。

音声作品の制作と同時に、テレビ報道と視聴者について取材してきたことを、放送部として文章で残す仕事も始めたいと考えていた。惜しくも全国大会に進むことができなかった研究発表を担当した安坂千恵子が、「あなたはテレビ報道を信じますか?」と題した論文に仕上げた。

あなたはテレビを信じますか

その論文は「校内アンケートとテレビ記者の証言から分析する高校生のテレビ意識」という副題がついたもので、テレビメディアに対する高校生の意識、とくにテレビ報道について、美須々ヶ丘高校の三年生三百人を対象にアンケート調査をおこなって分析を加えている。簡単に言うと、松本サリン事件の報道を体験した地元の高校生が、新聞とテレビ報道についてどのように意識が変わったかを調査したものだ。このアンケート調査に、テレビ記者のインタビューも資料としながら、高校生の意識と送り手の意識の差について考察していった。高校生の調査であり精密なものではなかったが、担当した安坂は、いろいろとおもしろい現象を発見した。

ここでは調査・分析の概要を紹介しておきたい。

アンケートでは、約九割の生徒がテレビを第一の情報源としていた(グラフ1参照)。しかし、この九割の高校生のなかで、オウム真理教に関わるTBS問題、松本サリン事件の誤報などから「テレビ報道が信じられなくなった」と回答した生徒が四七%、「もともと信じていない」一五%を合わせると六二%もの高校生が、テレビ報道からもっとも情報を得ていながら、情報自体に疑問をもっていることになる(グラフ3参照)。興味深かったのは、テレビ報道に対する距離感の違いによる変化だった。

●高校生とテレビ報道

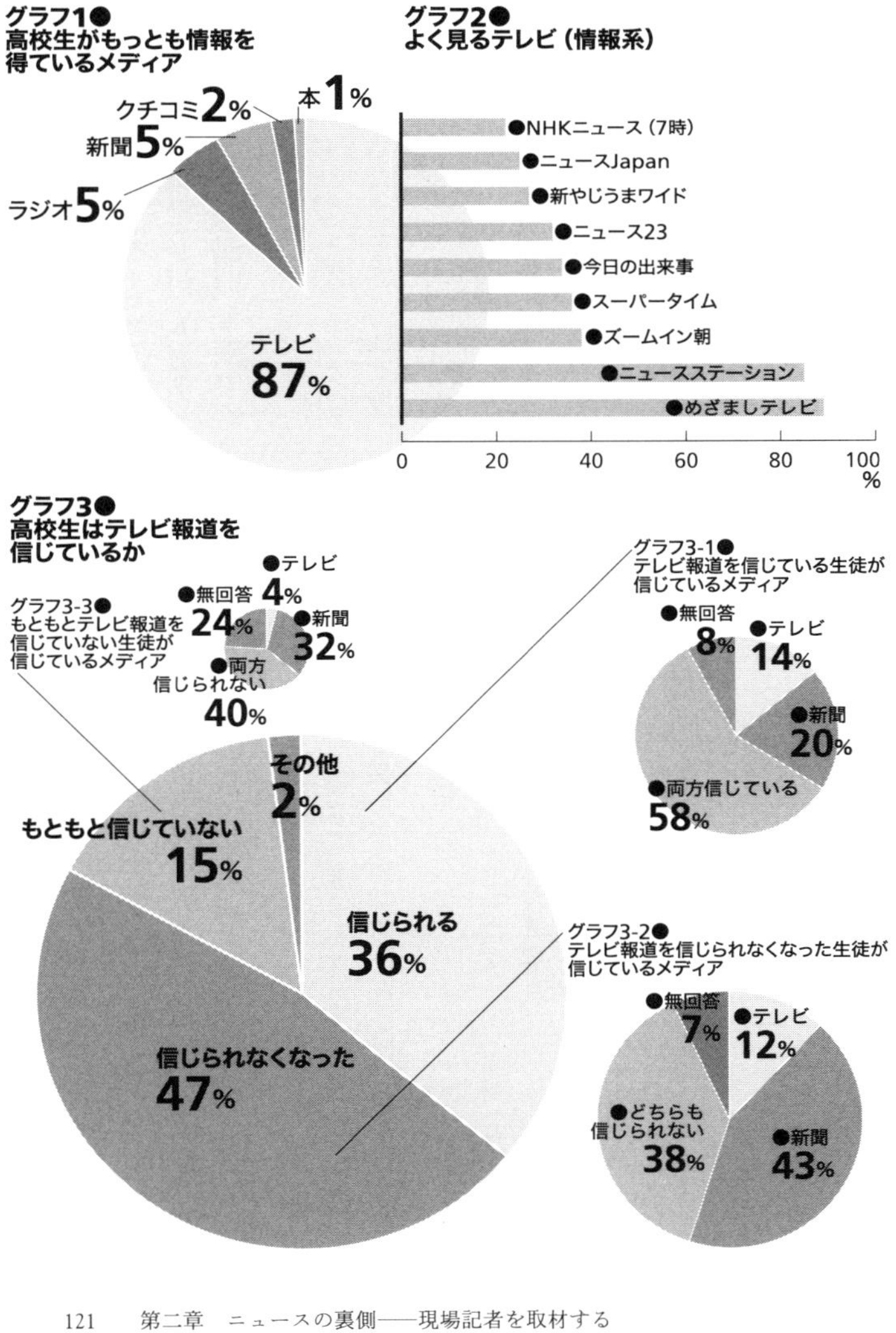
グラフ1●
高校生がもっとも情報を得ているメディア
本1%
クチコミ2%
新聞5%
ラジオ5%
テレビ
87%
グラフ2●
よく見るテレビ（情報系）
●NHKニュース（7時）
●ニュースJapan
●新やじうまワイド
●ニュース23
●今日の出来事
●スーパータイム
●ズームイン朝
●ニュースステーション
●めざましテレビ
0
20
40
60
80
100
%
グラフ3●
高校生はテレビ報道を信じているか
グラフ3-3●
もともとテレビ報道を信じていない生徒が信じているメディア
●テレビ
4%
●無回答
24%
●新聞
32%
●両方
信じられない
40%
その他
2%
もともと信じていない
15%
信じられる
36%
信じられなくなった
47%
グラフ3-1●
テレビ報道を信じている生徒が信じているメディア
●無回答
8%
●テレビ
14%
●新聞
20%
●両方信じている
58%
グラフ3-2●
テレビ報道を信じられなくなった生徒が信じているメディア
●無回答
7%
●テレビ
12%
●どちらも
信じられない
38%
●新聞
43%

「もともとテレビ報道を信じていない生徒」(一五%)の内訳は、テレビ報道のみならず「新聞もテレビ報道も両方とも信じられない」が四〇%といちばん多く、また無回答も目立つ。総じて言うと、マスメディアに対する根強い不信感が読みとれた。

反対に「テレビ報道を信じられる」(三六%)の内訳は、「新聞もテレビ報道も両方とも信じている」が五八%と多く、新聞、テレビ報道のどちらかを信じている生徒を加えると、九割がマスメディアの報道に信頼を寄せている。はっきり分かれた。

そのなかで、もっとも興味を引いたのは、松本サリン事件などの報道の問題を機会に「テレビ報道が信じられなくなった人」(四七%)の動向だった。「テレビ報道を信じられない」と感じた生徒の約四割が新聞に確かさを求めており、同じく約四割が「新聞もテレビ報道もどちらも信じられない」と感じていた。

高校生は、テレビを通じて「報道やマスメディアの現状」を知り、また実感し、「自分とマスメディアの距離感」を考えていく、という背景が見える。高校生にとってテレビはまさに「社会の窓」であり、「マスメディア自体の顔」である。この分析が、後の実践のきっかけともなった。

安坂は論文の最後をつぎのような言葉で締めくくっている。

「テレビ報道を流しっぱなしのメディア」にならないようにして欲しいのです。

この調査を進めてきて、視聴者には言葉や論理性以外の情報がイメージとして残っていくということを強く感じました。このままでは、テレビは信じられないというイメージも蓄積されてしまいます。
どうしたらイメージが残っていることを、テレビというメディアに伝えていけるのか、そのための有効な手段はないように思えます。視聴率では計れない、テレビが残したイメージを、私達はテレビを作っている人達に伝えていく必要があると強く感じています。

（『高校生活指導』一九九六年秋季号に掲載）

報道に「絶対」はない

部長の伊藤綾は、松本サリン事件報道への放送部の取り組みを論文にまとめた。つぎにその一部を紹介したい（採録に際し、本人が一部加筆した）。

●マスメディアへの挑戦

伊藤　綾

一――マスメディアに疑問を感じたとき

私は高校の三年間、放送部の部員として、部長としてたくさんの経験をしてきました。そのなかでいちばん印象に残っているのが、松本サリン事件のテレビ報道について追った作品「テレビは何を伝えたか」のラジオ作品制作です。私が一年生のとき、松本サリン事件が起こりました。私は、この事件に対するテレビ報道を見て、その情報を鵜呑みにしました。しかし、サリン事件が一応決着がつき、あの松本サリン事件の報道を問いなおすことが必要だと感じたのです。私にとって、マスメディアに初めて疑問をもった瞬間でした。私にとってマスメディア、とくにテレビを疑うなんて、いままで考えてもみないことでした。「高校生なら、記者や、河野さんも取材に応じてくれるかもしれない」と、私たち放送部のシビアな取材が始まりました。

二――テレビが伝えたこと

（前略）原因物質がサリンだとわかったとき、河野さんは被害者となるはずでした。しかし、情報は警察に頼っていました。警察が河野さんを犯人だと疑っているあいだの一年間、河野さんを犯人あつかいする報道は続きました。「警察が疑っていれば、報道を切りかえるわけにはいかない。切りかえるだけの取材の積み重ねがないから」と、事件報道のシステムの弱さもわかってきました。流された情報は、事件報道の弱点と予断のため、取材や検証がしっかりとおこなわれず、警察と裏付けのない言葉に翻弄されていったのです。

三――テレビ報道の問題点

プロをまえにしたきびしい取材を何度もくり返すうちに、いくつかのテレビ報道に対する問題点があきらかになっていきました。

一つは、情報の送り手側と私たち情報を受ける側の意識に大きなギャップがあるということです。私たちは「テレビは確かなものを伝えている」と思っています。しかし、情報の送り手側は情報の「速さ」ばかりを気にかけ、「確かさ」という点においては、疑問が残ることがわかりました。テレビ局が「速さ」を重視してしまうのは、他局との速報競争にあります。このため、とくに初期報道においては、裏付けのないあやふやな情報が流れてしまうのです。

二つめは訂正の問題です。「河野さんが犯人ではない」と警察が矛先を変えたとき、マスメディアはなにごともなかったように河野さんから離れていきました。河野さんを犯人であるかのようにあつかってきた報道は、あきらかに誤報でした。しかし、その誤報に対する訂正は、河野さんの代理人が「人権侵害の疑いがある報道に対する内容証明の郵便」を送りつけるまでおこなわれませんでした。テレビは、記者が認めるとおり訂正しづらいメディアなのです。

現在、放送された番組は三か月しか保存されません。そして、その映像は取材された本人しか見ることはできないのです。さらに、その期間に何かの事情で見ることができなかったときは、本人ですら見ることはできず、証拠として取りあげることもできません。そのため、テレビ報道に携わる記者をも「いつかは消えてしまうからという意識が、心のどこかにある」と語らせ、訂正する意識が薄くなっているのです。

誤報は、テレビ局にとって「欠陥商品」です。一般企業であれば、これだけの問題となれば、社の内外で社会的な責任が問われます。しかし、社内で人事降格もなく社会的にも制裁も加えられませんでした。それればかりか、報道システムは大枠において何も変わっていないのです。「責任は自分たちにある」と言いながら、何の責任もとっていないテレビ局の姿がそこにありました。

三つめは、映像の問題です。私たちはテレビの映像は「現実」だと感じています。しかし、映像は編集ひとつで嘘をつけるのです。一カット一カットは事実を切りとっていても、編集という操作を加えれば、まったく違うイメージや、事実を変えて表現することも可能です。私も何本かの作品をつくってきました。編集は自分の主観を入れずにはおこなえません。松本サリン事件でいえば、編集者が「河野さんが犯人」と思っていれば、そういう印象を与える映像を選び、つなげてしまうのです。

さらに、放送原稿はデスクのチェックを受けますが、映像に関しては原稿のようなきびしいチェックを受けず、編集者の主観がそのまま放送される場合もあります。しかし、視聴者には言葉よりも映像からのイメージのほうがより心に残ります。映像は、視聴者に編集者の主観にもとづく「印象」を残してしまうのです。

このような取材によって制作された作品は、第四十三回NHK杯全国高校放送コンテストで全国優勝しました。しかし、決勝大会の講評でも「インタビューした記者が一人でも異議を唱えれば、放送できないかもしれない」と言われました。ほかの作品のときは、どんな人が映っていてもこのような反応はありませんでした。でも、自分たちの同業者が対象になると、審査員は高校生相手にこんなことまで言うのです。私たちは怒りさえ感じました。「決勝まで残った」と喜んでいた私たちは、この言葉にとてもショックを受けました。「もう優勝はできない」。だれもがそう思いました。

それからも、優勝作品をラジオで放送するというので、私たちは、記者一人ひとりに放送の了解をとりました。しかし、取材段階で了解していたにもかかわらず、あるテレビ局は最後の最後まで「流してほしくない」と言いつづけたのです。このとき「もしかしたら、私たちは核心にふれているのかもしれない」と感じました。とにかく、最後の最後までメディアとの戦いだったのです。

四——これからのマスメディアと視聴者

いまのマスメディアは「権力」です。それでよしとする意識があるかぎり、河野さんのような被害者はなくならないと思います。テレビの「いつか消えてしまうから」という意識の軽さをなくすために、情報をきちんと保存し、訂正を素早くできるようにすること、それと同時に責任の所在をはっきりさせることが、これからのマスメディアに求められることだと思います。映像については、検証するための「基準」が必要だと思います。編集者の主観を伝えるのではなく、より客観性をもった映像の処理が必要でしょう。

また、いまの事件報道の場合、マスメディアの情報源はほとんどが警察です。そのため、警察がまちがえればマスメディアもまちがえてしまうのです。マスメディアは警察の情報の何が事実であるか、適切に取捨選択する必要があると感じました。不確定なものは不確定なまま伝えることが必要なのでしょう。マスメディアも人間がおこなっていることで「絶対」

ではないのです。私たち視聴者はただ受け身でいるのではなく、テレビの報道が確かか見極める必要があると思います。そして情報化が進むなかで、少しでも誤報だと感じたら、きちんとそれを送り手側へフィードバックし、きびしい目で見ることが必要なのです。これらの手段が、送り手と受け手との対等な関係を保つことになると思います。

（九六年度アンスカラシップ懸賞論文入賞）

第三章

メディアの特性を知る
——ビデオ証言集づくり

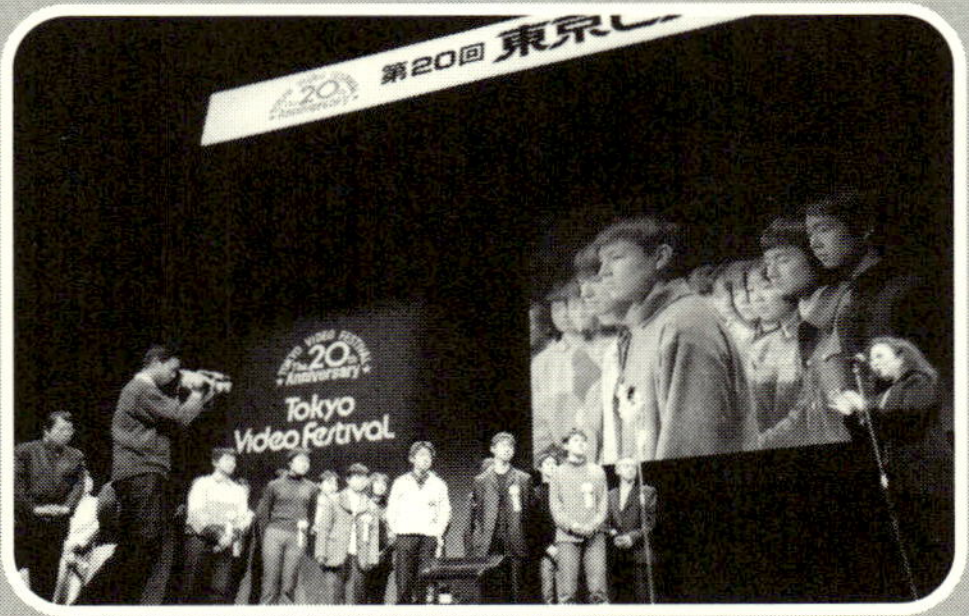

一……報道部長に聞く

七分の音声作品の制作、そして公開放送から一年がたった。

高校のクラブ活動の弱点というか特性は、毎年三分の一の生徒が卒業し、新しい生徒が入部してくることだ。新しい部員には半年間かけて放送部をきりもりする基本的な教育をし、三年生は最後の文化祭が終われば引退、多くは大学受験へと向かう。進路が決まったあとには卒業式の企画・運営という仕事があり、放送部は一年中、忙しく動きつづけ、じっくり休んで考える時間などない。

この一年間に、放送部の状況はずいぶん変わった。

放送部OBと生徒会が中心となって実行委員会を結成し、卒業生みずからの手で制作する卒業式は、一九九七年三月、より安定した表現環境を求め、会場を長野県松本文化会館大ホールに移した。土屋美晴教諭は三月に結婚し退職、放送部を「卒業」していった。私にとっては、頼りになる顧問だっただけに、右腕をもぎ取られた思いだった。その後任は、韓国旅行をいっしょに企画してから私をふくめ「美須々ヶ丘の三悪人」と命名されてしまった、室井、大西両教諭だった。しかし、室井さんは生徒会指導のキャップ、大西さんは国体の県山岳チームの監督との兼任で関わることになる。つまりは、私がひじょうに忙しくなるということだった。

批判だけでないビデオ証言集を

この一年、「テレビは何を伝えたか」のビデオ証言集制作は、どのように再構成するか、私のなかでもわりきれないでいた。二十〜三十分のインタビュー作品に構成するとしても、それをどのようなかたちで発表できるのか。制作するのであれば、なんとか作品を放送したいとも思っていた。テレビメディアとしても、このような作品を放送できる懐《ふところ》の深さがあれば、これからの視聴者と放送局との関係に光が差すだろう。しかし、被取材者の記者を匿名あつかいで制作した音声作品にさえ、クレームをつける局もある。部員も私もまたつらい思いをしなくてはならないかもしれない。制作だけでなく、それ以外のエネルギーが必要な仕事だった。そんな事情がビデオ作品化のフットワークを鈍らせていた。

そんなとき、東京ビデオフェスティバルのことを思い出した。放送局がスポンサーや協賛として参加しているわけではなく、主催者へ著作権の帰属も求められない、アマチュアが出品できる日本で代表的な国際ビデオコンテストである。歴史も古く、入賞作品は時代を映していた。ただし、プロ・アマチュアを問わないコンテストだけに、高校生にとって敷居が高いことも確かだった。

「そろそろ高校生だけのコンテストから抜けだしてもいいか」

九七年のNHK杯全国高校放送コンテストでは優勝をのがしていた。賞よりも、作品制作が最後まで追い込めなかったことが心残りだった。部員もその点を感じていて、「ほかのコンテストに参加して徹底的に作品をつくりたい」と要望もでていた。

雑誌などを調べてみると、小規模なコンテストはいくつもある。憲法公布五十年を機に、生徒会が中心となって五か条の美須々ヶ丘高校憲法を制定する実践を記録した「自由の約束」など、日の目を見ていない作品もあった。この時期にひとつの作品だけを特別に進めることはできないので、すべての部員がなんらかのかたちで作品制作に関わる企画を立てる必要があった。そこで、これらの作品をもう一度見直してリメイクする企画に、「テレビは何を伝えたか」のビデオ証言集制作も組み込んで進めることにした。

テレビと新聞の違いについて比較し、取材をもとに証言集として報告書にまとめる構想もあり、部員たちは、朝日新聞松本支局の唐沢記者や毎日新聞松本支局の山田記者などのインタビューも進めていった。当初から映像証言集を想定して八ミリビデオで取材していったテープは二十時間を超え、この素材だけを再編集しても、作品はじゅうぶん成立しそうだった。

ビデオ証言集の制作スタッフは、松澤亮、西澤伸太郎、上條聖、関寿美枝の二年生（当時）四人があたることになった。松澤亮は、部長にも選ばれてがぜん張りきっていた。「リーダーとして引っぱっていかなくては」という気負いがビンビン伝わってきたが、私は「空回りしなければいいが……」と少し心配していた。四人が入部したときは、ラジオ（音声）作品「テレビは何を伝えたか」の制作まっ最中で、彼らは先輩から言われるとおりに、新聞を持ってこいと言われれば、資料室に走り、何番めのテープをだせと言われれば、必死に探す。そんな雑用をこなしながら放送部に慣れていった。が、松本サリン事件に関する現場記者の取材に立ち会ってはいない。まずは先輩の取材したテープをはじめから見直す作業から始めなければならなかった。

この一年間で、テレビメディアに対する考え方は少し変化していた。音声作品をつくっている過程で「人間としてのテレビ人」というキーワードが生まれていたが、それが放送部のなかでいっそう大きくなってきた。第一世代といっていい羽根田や渡辺が制作したラジオ作品では、七分間という短い時間にそのテーマを盛り込むことはできず、報道への懐疑的な要素の強い作品にならざるをえなかった。第二世代が制作する作品は、テレビを一方的に批判するのではなく、「マスメディアであっても、人間が取材し、人間が伝えていて、まちがいや失敗もある組織」という視点に立った作品にすることを、四人は話しあっていた。

「一方的な批判は何も育てない。批判だけでは何も解決しない」

彼らは毎日、お経のようにつぶやきながら、素材を見直していた。記者の人間性や、私たちが思い込みでもっていたテレビ局のイメージとは異なった現場、影響力があるが新聞メディアよりも取材力が弱いことなど、ラジオ作品では言えなかったこと、盛り込めなかったことを、この証言集でしっかりと復活させたかった。

上條聖が年表づくりの中心となった。比較的初期から事件を注視していたといっても、すでに三年がたとうとしていた。知識や事実関係を制作メンバーで共有するために、目のつくところに張っておいていつでも見られる「少し大きめの年表」を制作しようとしていた。上條は口数は少ないが、フリーズに苦しみながらもカノープス製DVREX搭載パソコンを自由に操り、ノンリニア編集機を使いこなした。また、ものすごい速さでキーボードを打つ特技ももっていた。そんな上條は、本は苦手というタイプだったが、河野さんが書いた『「疑惑」は晴れようとも』をカバーがすり切れるほどひっくり返して年表をつくった。その年表を教室のまえに張り、メンバーはこの事件の報道のポイントと、これからつくるビデオ作品の方向性を何度となく話しあっていた。

研究室にいると、隣の書道室からは、松澤亮の少し早口な話し声と、西澤伸太郎の低いぼそっとした言葉しか聞こえてこなかった。「大丈夫だろうか」。どこか前回の作品づくりとは違う感覚があった。

新メンバーは新作づくりに頭を抱える

それでも四人は、作品の構成に入った。文字に起こしたインタビューから重要な発言にマーカーを塗っていく。文字上ではインパクトがあっても、映像素材を見返してみるとそれほどではないこともある。前回の音声番組と違うところは、言葉の意味やニュアンスに加えて、インタビューを受けている人の表情や目の輝きが「重要な情報」であることだった。彼らは不器用な進め方をしながら、一回めの作品構成表を完成させた。しかし、その構成表は作品といえるものとはかけ離れていた。

彼らはラジオ版の作品をまったく下敷きにせず、新しい観点で構成しようとしていた。もちろん、まったく新しくとらえ直す方法もある。しかし、彼らがピックアップした項目は、すでにラジオ版制作時に慎重に考察したうえで落としていったものでしめられていた。だが、音声作品の制作から一年が過ぎたといっても、大きくテレビ報道の構造が変わったわけではなく、以前の作品制作の方向性は基本的な面で踏襲してしかるべきことだった。ラジオ版の制作過程を追い、今回のコンセプトを話しあっていたのだから、もう少しなんとかならないかと思った。

私はたまらず、リーダーの松澤亮に声を荒げて言った。

「制作過程でキーワードになった言葉や、問題点についてあれほど検討したのに、どうしてラジオ番組を下敷きにしないんだ」。とても強い口調だった。

松澤はうなだれていた。部長になってなんとかリーダーシップを発揮しようと、ほかのメンバーの小世話をやきながら進めてきたことを否定されたのだから、くやしいにちがいない。しかし、どうみても、素材から選びとった部分が番組のねらいとははずれているところが多く、有機的につながっていない。あきらかに渡辺や羽根田に比べて、この問題に関する理解が浅かった。

「どうしてこんなことも……」と思ったが、冷静に考えてみれば無理のないことだった。自分で取材していないテープを何度くり返して見ようとも、そこにはリアリティがない。彼らは取材現場に立ち会っていないのだから、しょせん無理な手順を踏ませていたのかもしれない。怒ったことを少し申し訳なく思った。私は松澤を呼んで、研究室でじっくり話をすることにした。

「放送部にとって部長もね、ひとつの役割なんだよ。自分がえらいわけじゃない……」

部長となると、つい自分が少し上に立ってだれかに指示をしていく感覚をもつ。松澤もそう思っていたのだろう。

「今回の制作では四人とも、知識や体験に差はない。みんなができることを組み合わせていくことが、きみの仕事だよ……」

「今回は再発防止策の提案を最後に入れようか」と、空回りしていたことについて話したあと、ビデオ証言集制作に関して方向性を提案した。そして、もう一度、放送局の報道責任者を取材することにした。うなだれていた松澤の顔に少し光が差した。

「はじめからやり直すこと」。結局、同じ道をたどることが、もっとも近道なのかもしれない。

前回と違うところは、被取材者が報道の責任者ということだ。今回は県内すべての報道部長にインタビューするつもりはなかった。リーク情報を比較的流さなかったテレビ信州（日本テレビ系）、河野さんへの疑惑報道からの方向転換が遅れた信越放送（ＴＢＳ系）、それに、報道という観点でいけば最後発の民放局である長野朝日放送（テレビ朝日系）を選んだ。ただし信越放送は、すでに中島報道部長を取材しているので、その素材を使うことにし、テレビ信州の倉田治夫報道部長から取材が始まった。

第二世代のメンバーにとっては、初めての局内取材だ。取材の日程が決まると、それまでトロトロしていた空気に少し緊張の色が見えはじめた。

「もう一度、最初からやり直しだ。番組を取材し、構成し、直していくたびに発見もある。きっと作品の完成度も深まるだろう」

九五、六年の取材で、事件をとおして現場の記者はひじょうに傷つき、個人レベルでは変わろうとしていたことにふれた。しかし、この事件を体験した記者が変わってもテレビ局全体として変わらなければ、報道被害はまたくり返される。松本サリン事件の報道をとおしてテレビ局が得た教訓は多い。きっと、その教訓をもとにした仕組みの変更や対策がつくられている時期だと思った。それくらいのことは、マスメディアの顔として、テレビ報道の現場がおこなうべきだと考えていた。

少なくとも新しい対策を、この番組には盛り込めるだろうと踏んでいた。

なぜ、謝罪したのですか

長野市のテレビ信州（日本テレビ系）本社に出向いた。ちょうどニューススタジオを改装しているところで、まわりには新しいモニターや放送用のカメラなど、スタジオを設置するための機材が梱包されたまま置かれていた。真新しいスタジオ照明とモニターテレビも使わせてもらいながら、取材は始まった。私たちのカメラのほかに、ドキュメンタリーの制作をしているテレビ信州のカメラも回っていた。放送部の生徒は、局取材という特殊な状況で緊張しているのに、局のカメラに追われることで、さらにドギマギしたようすだった。

ニュースキャスターが使う少し高いイスに倉田報道部長は座り、松澤と西澤が並んでそのまえに座った。あきらかに緊張していて、背中から肩にかけてコチコチになっているのが、後ろから見てわかった。

「それでは……よろしくお願いします」と松澤が切りだした。

Q…まず、松本サリン事件の報道をとおして、テレビ信州としてはどんなことが教訓になりましたか。

A…【倉田】教訓ということについて答えになるかどうかわかりませんが、考えたことがいくつかあります。一つめは、あらためてテレビというメディアの特性について考えながら、私たちは仕事をしていかなくてはならないということ。それから二番めに、主観と客観というテーマです。報道というものは、あくまでも客観的な報道でなくてはいけない。これはうちだけではなく、どこの局もそうだと思います。実際にやっていることは、客観的事実を切りとるには、切りとる側の、つまり取材し報道するわれわれの主観的な作業がそこについてまわりますね。そういう主観と客観というテーマについて、つねに考えていかなくてはいけないのです。

それから、三つめになりますが、公平というのはいったい、いかにあるべきかとあらためて考えています。相反する主張をもっている当事者がいると、当然のことながら片方の意見、片方の主張だけを取りあげたのでは一方に偏ってしまう。では、それをどのようにすればいいかとあらためて考えています。

それから四つめになりますが、これは、テレビというメディアにも関係しますが、私たちは映像と言葉でニュースをお届けしますね。映像はもちろんですけれども言葉とその言葉のもつ意味について、そのつながりをわれわれは深く考えなくてはいけない。このようなことについて、あらためて考える機会が生まれました。だいたい松本サリン事件というのはひじょうに大きな事件だったし、いまも終わっているわけではありません。

これをとおして、以上のことを強く感じましたね。

テレビ信州は、農薬調合ミスなどのリーク情報を報道しなかった。その理由と謝罪の関係、それにこれからの報道について話は進んだ。

Q…松本サリン事件については人権にひじょうに配慮した立場で報道を続けてきた、その方向性はまちがっていなかった。そう倉田さんは考えていらっしゃいますが、では、なぜ謝罪なさったのでしょうか。

A…【倉田】やっぱり記者の心のなかにも、自分の心のなかにも、あの人が犯人かもしれないという思いがあったのは否定できないですからね。

Q…もう三年もたっていますから、もう一度ふり返って自分たちのやり方はまちがっていなかったと言っていただいて結構です。大浦さん（テレビ信州記者）も、「ぼくは、人権に配慮して報道したつもりだった。だから会社が謝罪するのは、私としては納得いかなかった」と答えています。そこは作品にも使わせていただいています。

A…大浦君、そういうふうに言ったの？（大浦さんに向かって）

【大浦】確かに犯人かもしれないと思いましたが、けっして報道にはだしていませんし。

【倉田】現実に、謝罪すべきか否かっていうのはやっぱり議論ありました。気をつけてやってきたのに、謝罪が必要なのかという議論がありました。

Q…松本サリン事件から三年たちましたが、あらためて松本サリン事件はどのような報道だったと思われますか。

A…昭和五十四年に富山・長野連続誘拐殺人事件があり、ひとりの男性が犯人あつかいされ、裁判の過程で無実が証明されました。これは報道機関による冤罪事件でした。うちの場合には、松本サリン事件において、ひとりの会社員を富山の男性と同じような冤罪に巻き込んではならない、そういう思いで報道していたことは確かです。「被疑者不詳の殺人の疑いで家宅捜索」「薬品の調合ミス」というような情報を総合していったときに、この人が犯人であると決めつける材料に乏しいと思いました。そう思ったことを、自分たちが画面でどのように伝えたかと思っているんですよ。結果的に、地下鉄サリン事件がある宗教団体によって引き起こされた段階から大きく展開して、松本の第一通報者の会社員は犯人ではないことが、はっきりと断定されるようになりました。そこであらためてふり返ってみたときに、自分たちがいったいどんな報道をしていたのか。おかしいなとは思いながら、少なくとも「第一通報者は犯人ではない」と断定はしていないわけです。

今回の報道では、マスコミのさまざまな社があって、一方では松本毒ガス男の正体や、会社員の家系のこと、それから経歴だとか、細かくプライバシーにかなり踏みこんでいるような取材がある、そういうなかで、自分たちがおこなってきた報道とはいったい何だったのか。トータルで考えたときに、自分のところではここまでしかやってない、だから自分たちは関係ない、自分たちは責任がまったくないとは、はっきりとは言えないのではないかと思いました。

読者・視聴者はさまざまな本・週刊誌・新聞を読み、テレビを見ます。そうすると、どこの新聞を読み、どの番組を見て、第一通報者イコール犯人であるというようなイメージを形成したかはわかりません。そう考えたときに、自分の心のなかにも第一通報者イコール犯人というイメージがなかったとは言えないので、これらを突きつめて考えたときには、謝罪には値するのではないかと思いました。

Q…一個人として、今回のような報道被害がまたくり返される可能性はあると思いますか。

A…「報道部長をしている個人」の考えになりますが、「くり返す」とは言えないですよね。くり返さないように、百パーセントないように心がけるということです。しかし、もしくり返すとしたら、過度な功名心、競争、それから「売らんかな主義」です。このようなものによって、冤罪の構図が形成されてしまう恐れがある。それをなくしていくために、ジャーナリストは最高の倫理水準に従って生活し、仕事をする努力をしなくてはいけない。Highest ethical standard を確立するってことでしょうか。

テレビ信州報道部長・倉田さんのインタビューは二時間程度で終了した。彼らの初めての局取材は、わりと順調に進んだ。取材の終わりごろには、松澤の緊張も少しゆるんでいた。この活動に理解を示してくれているという点では、テレビ信州を最初にしてよかった。

「ぼくも最初、河野さんが犯人だと思っていた。謝るべきかな」

帰りの車のなか、松澤が首をかしげていた。私は松澤が言っている謝罪と、マスコミとしての謝罪は質が異なると思った。テレビ信州の謝罪は社の意図とは別に、「横並び」に見えてしまいそうだった。

それでも、取材を終えると四人が少し大きく見え、私は「やはり取材させてよかった」と思った。

再発防止策はあるのですか

つぎの報道部長の取材は、長野朝日放送（テレビ朝日系）の下平彰一報道部長だった。長野朝日放送は長野市に新社屋を建設し、朝日新聞と同じビルのなかにあった。下平報道部長は、民放の報道部長のなかではもっとも若い。会議室にスペースをつくってもらい、取材は始まった。

誤報として認識している部分について話をうかがったあと、映像の使い方をふくめ再発防止策について聞いた。下平報道部長は、長野朝日放送として取り組んでいることを率直に話してくれた。

Q…事件以後、変わったと感じることはありますか。

A…【下平】人権意識っていうのは、あのあとずいぶん口やかましくみんなに言って、いろいろな場面で経験し、あの事件のあとでは人権に対する認識はずいぶん変わったと思います。たとえば犯罪報道だけではなく、映像をどうやってだすか、どういう表現をすればいいかという相談を受ける件数は増えました。

Q…映像のつなぎ方ひとつで犯人のように思わせることは可能ですが。送りだす側として、どんなチェックや対策をたてていますか。

A…そうですねえ、映像が伴わないものは、厳密にいうとほとんど使えないですね。ここまでだったらいい、ここから先はだめという判断は、ひじょうに漠然としています。少なくとも「意図的に映像を使うこと」はしないようにしていますが、カメラマン、編集マンの立場からすれば、できるだけ映像の訴求力をだしたいと思うでしょう。たとえば「容疑者の連行や送検の映像が、はたして必要なのか」と問われていて、いらないという考え方もあります。でも視聴者が関心をもって見ている場合には、映像があるとないとでは、当然あるほうに見る側の目が向いていきます。だから、それがどんどんエスカレートして、報道被害につながっていくのだと思います。それなら「映像をモザイクで消せばいい」という発想がありますが、モザイクをかけるくらいなら、いっそ絵（映像）は使わないほうがいいとぼくらは思っています。そのことはまだ結論としてはでないのでしょうね。

Q…今回の問題点は大きく三つあると思います。一つが報道合戦から生まれる報道被害について。二つめに警察のリーク情報をどう使うか。三つめが、警察とのパイプ部分にも関係しますが、「試される報道機関の独自の検証の目」。この三つについてどう考えられますか。

A…テレビを対象に話がでていますが、活字も同じだと思います。同じ現象を複数のメディアが取材する報道合戦や競争のなかで生まれてくる弊害が確かにあると思いますが、それぞれのメディアが自律的に処理していく以外にはないでしょうね。改善していく部分はたくさんありますが、結論だせと言われても無理だと思います。警察との関係では、私たちの立場から言うと「べったりになるな」ということは確かです。逆に、捜査機関がもっている情報がはたしてどこまでだせるのか、公表できるのか、「公判維持のためにここから先は明かせない」こともあるでしょうから、ひじょうに難しい問題で、答えがでないことです。松本サリン事件の場合でも、公式発表だけを綴っていくと誤報はありえません。ただ不思議なもので、その先を知りたいとなると、どんどんエスカレートして、その先、その先と、本能に近い欲求がでてくる。このことは「ここまで答えたらおしまい」とできないことと同じだと思います。

あと、確かに検証とか調査報道の力の弱さ。いまのスタイルではいちばん欠けていると思います。

Q…再発防止の具体的な対策はありますか。

A…放送をする段階で、事実でないものを省いて削っていく作業がいちばん大切だと思います。今までまったくしてこなかったわけではありませんが、あの事件をきっかけに、情報の出所をきちんとさせることに力を注いでいます。それに「見方が強まっている」ことは、「事実のようで事実でない」ということです。たとえば、「自宅の庭で薬品を調合していたとみて裏付け捜査を続けている」という情報も、当時の私たちが知りえるかぎり、おそらく「警察の見方」と判断してまちがいなかったと思います。しかし、結果的に「警察の見方」がまちがったら、すべてこけたかたちになったわけです。「警察がそうみている」と伝えることで事実という印象を与えかねない教訓として、できるだけ裏付けを取っていく、取れないものは「どこまでだせるか判断を厳密にしていく」、これがあの事件で得たいちばんの再発防止策になると思います。

Q…同じようなことを、もう一度くり返す可能性についてはどうですか。

A…これはひじょうに難しいですね。あってほしくないことは確かですが、結論から言うと「わからない」。私たちも二度と起こさないことを目標として心がけますが、完全に起こりえない「何かひとつの仕組み」をつくりあげれば、それでなくなるということではないと思います。

二……メイキング・ザ・ビデオ証言集

二つの局の取り組みを取材して、松澤たちは再発防止策について整理し、つぎのようにまとめた。

・不確かな情報を切り捨てる
・情報の出所を確認する
・原稿・映像のチェックを厳重にする
・倫理水準を高め、最高の水準で取材し報道する

これを模造紙に書いて眺めてみた。西澤がぼそっと言った。

「この防止策って、ずっと言われてきたことじゃなかったのか」

「いまさら、あらためて言うようなことじゃないよな」

松澤が同意した。

確かにテレビが登場して以来、くり返し言われてきたことであり、なにひとつ目新しいものはなかった。結局、テレビが生まれて五十年、局の報道は何も変わっていないということなのだろうか。それではやはり、くり返しこのような報道被害は起こるという、警笛をならす結論が必要になってしまう。私は、そんな作品の終わり方にはしてほしくなかった。

メンバーの討議はつづく

とはいえ、報道部長の取材を終えると、作品の構成は具体的に進んだ。制作するメンバーのなかに一気に実感がわいたからだと思う。まとめた構成案を持って、松澤が研究室に入ってきた。

「なんか、ぜんぜん違うよ。別人のようだね」。松澤に声をかけた。

「そうすか……」。彼は、はにかみながら早口に答えた。

からかったのではなく、松澤の成長は著しかった。項目が書かれたカードが二十枚ほど紙テープでつなげられていた。ずいぶんしっかりとした輪郭をもっていた。その構成をベースにして、作品はつぎのように編集されていった。

●作品構成

・初期報道の問題点について
・報道の責任はどこにあるか
・謝罪とそのタイミングについて
・結局、テレビ報道は何を伝えたか
・再発防止の対策はあるのか
・現場の記者はいま、何を思っているか
・テレビ報道は、はたして変われるか

大きな流れとしては、これで編集が進むと思った。しかし、最後に残ったのは、この作品の主張が盛り込まれるラストコメントだった。作品のつくり方は、なるべく制作者を前面にださないよう、問いは全面テロップで表示して、ナレーションをできるかぎり抑える表現スタイルをとることにした。そうなると、最後の言葉は松澤たちにとっては、松本サリン事件発生後一年間の年表づくりから編集まで、苦しい四か月間のまとめであり、放送部とすれば、三年間の活動の到達点を表現する言葉選びでもあった。そんなラストコメントに関しては、放送部全員でおこなう三回の企画会議や学習会のなかでも話しあった。それを受けて制作メンバーはミーティングを断続的におこない、およそつぎのような項目に絞った。

（1）報道における映像のガイドラインを設定する
（2）報道被害を受けた人のために第三者機関をつくる
（3）報道した放送素材を残し、だれもが放送されたものを自由に閲覧できるようにする

今回の作品は、放送に携わる送り手の人たちにも共感を生む内容に仕上げたかった。くり返すが「一方的な批判は何も育てない。批判だけでは解決しない」という主張がこの作品を貫いていた。しかし、だからといって、放送局の現状を追認するような言葉で締めくくりたくはなかった。部員たちは市民の一員であり、送り手の論理を振りまわす放送局や報道の仕組みを許しているわけではなかった。その感覚は、二社の報道部長を取材してさらにはっきりしてきた。

コメント制作の作業は、この三つを精査し、適当でない項目を洗いだしながら、もっとも言いたいことを残す手順を踏んだ。作品構成を細かく模造紙に書き、インタビューで言及していることとの関連性、効果的な表現などについての討議が一週間ほど続いた。

ガイドラインをつくれば解決するのか

彼らは、教訓を生かすことのできないテレビ局に、少し失望していた。

「テレビ報道は、放送原稿は新聞同様にしっかり管理されているよね。しかし、映像に関しては、ニュースの文章ほど厳密に検討できないかもしれない」と、討議のなかで松澤が言った。

「映像のルールは確立されていないし、教科書もない」。上條聖が答えた。

確かに各社とも、映像デスクやカメラデスクといったポストを設けて、検証の仕組みを用意してはいるが、その仕組みや映像の手法について統一した見解はない。編集担当者が映像の訴求力を求めてVTRを編集し、時間に追われての放送となれば、映像による「報道被害」がまた同じようにくり返されるであろう。「映像があること」はテレビメディアの特性であり、イメージを伝えることに優れているテレビにとって、言葉よりも映像の影響は強い。この取材が始まったときから、「テレビ報道における映像のガイドライン」の必要性を部員たちは感じていて、ラジオ作品のコメントにも盛り込みたいと考えていた。

しかし、編集を一手に引きうけている上條が、こんな発言をした。

「自分たちが番組をつくるなかでも、映像の時間軸をくずして、異なった場面の映像をインサートしてあてはめることがある。それはどうなるの」

「いったい、どんなものさしで具体的なガイドラインにするの」。ふだんおとなしい関が言った。

「ケースバイケースで表現方法は変わるから、ある場面では大丈夫でも、場面や状況が異なれば、決定的におかしいということもあるよね」

「放送における言葉の使い方は、自主規制によって人権に配慮されるようになったし、だれでも納得するところに落ち着いてきているけれど、映像についてだれかが基準を決定することはおかしいし、制作が不自由になりそう。それは情報を受けるほうにも不利益になることじゃない？」

彼ら自身が作品を制作しているから言えることだった。話しあいでは、規制が規制を生み、テレビメディアの表現自体を萎縮させる結果にならないか、そしてそれが、自分たちをふくめた表現の自由、ひいては視聴者の知る権利を束縛することにならないか、というところまで突きつめて話が展開した。総合的に考えると「表現の自由」「知る権利」との関わりで「映像のガイドラインをつくる」のはひじょうに難しく、ただでさえ、必要以上に自主規制がおこなわれているようにみえるマスメディアに対し、「さらなる制約」を外部から設けることは、けっして得策ではないと、彼らは結論づけた。メンバーは、私が聞いていてなるほどと思う討論を展開していた。

高校生が社会問題をあつかい、対策を提案しなければならないとき、苦しまぎれにあげる二つの項目がある。それが、「公共機関による規制」と「一般市民への教育」による解決方法の提案だ。今回の「映像表現に対するガイドライン」も、その延長上にある発想ではなかったか。最終的に彼らはこの項目を削除した。

報道被害を受けた人は、どこに言えばいい？

「だいたい、自分が河野さんのような立場になったら、どこにクレームを言えばいいいんだよ」

単純な疑問だった。しかし、その機関がない。

「河野さんはプレス・オンブズマン制度を提唱していたけれど、テレビのクレームはどこにもだせないんだね」

「報道部長のインタビューでも、だれもこのことにはふれなかったよね」

「販売されたモノなら消費者センターがあるけれど、テレビが送りだした番組については、クレームを、中立というか被取材者の立場で処理するところがない。おかしな話だ」

松本サリン事件の報道、とくにテレビメディアの報道においては、個々の記者がどんなに反省し痛みを感じていたとしても、「印象を残して消えていくメディア」の不条理な構造が根本的に変わったわけではなかった。この構造は被害者にとってはとうてい納得しがたいもので、「誤報」という欠陥商品を世に送りだした企業の責任についても明確にすべきだと考えていた。

取材では、松本サリン事件の誤報による更迭人事や、担当者の責任追及がなされた事実は確認できなかった。製造業やサービス業であれば、これほどの欠陥商品を世に送りだせば、どれほどの責任者の首が飛ぶだろう。もちろん責任者がやめればすむわけではない。しかし、事件から三年たったこの九七年の夏時点でも、報道責任者が示す「企業としてのテレビ局の責任と再発防止の対策」は、納得のいくものではなかった。この点でもテレビメディアは、社会のなかで特別な存在だと感じた。

この構造を是正するには、河野氏が提唱しているような「メディア・オンブズマン制度」「メディア責任制度」をふくめて、被取材者を救済する、あるいはメディアの責任をあきらかにする第三者機関の設置が急務だと思われた。これについては積極的にコメントに盛り込もうとした。

報道映像を保存して、だれもが閲覧できるなら

私たちが受信料というかたちで一口株主のように出資しているNHKをふくめ、テレビ報道のもっともおかしなところは、過去に放送した素材を自由に閲覧できないことだ。放送の特性は、電波にのって多くの人間が同時にその画面を見るところにある。しかし、一回放送された素材をだれもあとで確認できないとしたら、それはコミュニケーション・ツールとしてきわめて不完全ではないか。すべての放送素材を保存しておくことが放送局に大きな負担を強いることはわかっているが、多くの人に情報を送りだす社会的な仕組みとして、整備しなくてはならない義務があるように感じていた。松本サリン事件の報道以前にも、幾度となく討議されていたことであろう。

保存し閲覧できる技術的な環境はすでに整っているように思えた。テレビというメディアが少し無責任にみえるのは、携わる者がどこかで、放送したものは消えていくという感覚をもっているからではないか。意地悪な言い方をすれば「放送した者勝ちと思ってはいないか」ということだ。そう言われてもしようがない状況がある。マス・コミュニケーションのツールとして、こと報道だけでも「すべての放送素材を残し、だれもが自由に閲覧できる環境をつくるべき」だと感じていた。

制作メンバーと三つの項目を討議しながらも、何か足りなかった。何か欠けているような違和感があり、納得できる有効な改善策を盛り込んだラストコメントといえないような気がした。時間だ

けが過ぎ、ビデオフェスティバルの締め切りが近づいていた。そんなときに、テレビ信州の大浦記者から「ビデオ証言集制作の最終段階のようすを取材したい」と連絡があった。ラストコメントが入っていないものの、すでに作品はほぼ完成している。取材を受けることにした。

ラストコメント、さあ、どうする？

大浦記者は土曜日の午後、クルーを連れてやってきた。テレビ信州の関連会社である映像センターのクルーだった。照明の用意をするあいだ、同行したカメラマンの方から貴重な話を聞いた。河野さんが入院中、病院の反対側の建物にこもり河野さんの姿をガラス越しにねらったこと、河野さんが自宅に帰るときには、カメラポジションをめぐってクルーの壮絶な戦いがあったこと、門柱によじ登りベストポジションを確保できたことなど、事件当時の撮影状況を話してくれた。それから、研究室でラストコメントについて話しあっている場面の収録となった。

「『すべての放送素材を残し、だれもが自由に閲覧できる環境をつくるべき』という言葉には、問題はないね。あと第三者機関を……」。こう生徒に向かって言いはじめたところで、大浦記者が言葉をはさんだ。

「取材者が関わっちゃいけないと思いますが、（第三者機関が）できるみたいですよ。放送と人権に関する委員会機構という名前だったと思いますが……」

「え、そうですか」。西澤が即座に反応した。

「どうしますか、だとすれば、そのコメントは削除ですよね。そうすると提案がひとつだけになって……」。松澤が言ったが、それでも知った以上は削除しなくてはいけないと思った。

第三者機関とは「放送と人権等権利に関する委員会機構」（BRO）だった。BROの設立は、視聴者からきっと多くの期待を背負うことになる。少なくとも人権救済のための駆け込み寺的な存在になり、そうとう多くの事例がもち込まれるだろう。そうなればテレビ報道は変わらざるをえない。時代が動いているという感覚をもち、この機関の可能性に期待した。

しかし、提案内容は「閲覧と保存」というひとつの項目しか残らない。これでは提案にならなかった。メンバーと私は、頭を抱え行きづまった。

「相手を知る」ことで視聴者が変わる

大浦記者の取材しているところで、編集した作品をプレビューした。

私はいつも不思議に思っていることがある。同じ作品なのに、違った場所、違った視聴者のまえで上映すると、作品が変わって見えるという現象だ。同じことを言っているはずなのに、同じカットを映しているはずなのに、作品から伝わる情報が変化し、印象自体が変わる。制作者にとっては編集時から何百回も見ている映像やコメントが、視聴の状況でまた違った顔、違った意味をもつ。このときも、作品に理解があるとはいえ放送局側／送り手側の人たちが見る状況での試写であり、私はまた違った印象を受けた。

作品のなかほどにさしかかったところで「はっ」と気づいた。放送局への注文はあっても、視聴者に対する提案がない。「そうだ、この視点だ」と思った。マスメディアに対する過度の期待、視聴者のテレビに対する特別視、そこにも問題があるのかもしれない。テレビメディアの報道について、新聞メディアと同様には語れないだろう。そこで、プレビューが終わるやいなや、私は四人に聞いた。

「いままで悩んで、提案がでないということは、私たちの考える視点が違うということだよ。放送局ではなく、私たち視聴者はどうしたらいいのか考えたら、どうなるかな」

「テレビ報道にだまされないこと」「かならずしも全体を伝えていない。そのときにわかった事実の断片を伝えていることを知ること」「新聞よりも取材力が弱いことを知る?」……

言葉とすればいくつか挙がってきたが、それらは記者のインタビューで語られていることだった。

「だから?」。生徒がいちばんいやがる切りかえしだ。

「……」

「テレビ報道の特徴だよね」と、松澤亮が言った。

「特徴?」

「そうだ、テレビ報道の特性を私たちは知らなくちゃいけないよ」

「取材してわかったことは、テレビ報道がどんな仕組みでニュースを取材しているか、それに記者が苦しんでいること、それもふくめて、テレビ報道の特性だよ」

「放送局ばかり責めたって、何も変わらない、私たちが変わらなくちゃいけないってこと」

一気に話しあいが盛りあがった。「堰《せき》を切ったように」とはこのことだった。

この討議から生まれた視点は、私たちにとって悩み抜いたすえにたどりついた、発想の大転換だった。

送り手に変わることを求めず、情報の受け手である視聴者が変わればいい——ある種テレビ報道に対するあきらめが入っていたかもしれなかったが、「道に絨毯《じゅうたん》を敷きつめるよりも、靴をはけばいい」という発想でもある。しかし、この発想がテレビと視聴者の関係にあてはまるのか。作品全体は「送り手」だけのインタビューで構成され、最後の言葉は「受け手」の結論となる。ここまできても自信はもてなかったが、この結論しかないと決断したのは「特性」という言葉を見つけだしたからだ。

テレビ報道の特性、新聞の特性。これだけ取材し、テレビニュースの問題を知ってきたからこそ言えた「視聴者がテレビの特性を知り」というフレーズには、説得力があった。「メディアの特性を理解する」ことは、いままで私たちが気づかなかった、視聴者が変わっていくという新しい方向性をめざすことだ。すべてのメディアには特性があり、それを理解してつきあっていくことで、受け手側が情報を鵜呑《うの》みにすることはなくなる。それはけっして一方的に批判をすることではない。「批判するのではなく理解する」。この発想の転換が、三年にわたる不器用な取材と二度の作品制作で、やっとたどり着いた私たちの到達点だった。

印象を残して消えていくメディア、テレビ。情報を残し、だれもが閲覧できるようになるには技術的な進歩と放送局の努力が必要だ。そのときまで私たち視聴者がメディアの特性を知り、二度と報道被害をくり返してはならない。
「テレビは何を伝えたか」に託した思いは、この短いラストコメントに集約されることになった。

前回のインタビューは使えない？

こうしてできあがった作品を、私はどうしても信越放送の中島さんに見てほしかった。このとき中島さんは、信濃毎日新聞が出資している長野市のケーブルビジョン、長野ケーブルテレビに出向していた。電話で連絡をとり、「作品について意見を拝聴したい」と伝えた。

長野ケーブルテレビは、長野市の信濃毎日新聞の第二ビルにある。二階にある報道スペースに行くと、中島さんが忙しく取材クルーに指示をだしていた。

「ご無沙汰しています。中島さんのご批判については、十分とはいきませんが今度は盛り込んでいます。納得していただけるかわかりませんが」

ベータカムのビデオテープにコピーした作品を差しだしながら、私は言った。

「それでは見せてもらいますよ」。中島さんは、黙って二十分間の作品をていねいに見ていた。

作品が終わり、巻き戻しのボタンを押しながら、ひとこと感想を口にした。

「長野の民放テレビ局は、報道機関として取材力がなかったということですか」

「これで、東京ビデオフェスティバルに出品しようと思います。いいですか」

以前の中島さんの批判については思うところもあり、またＮＨＫ杯全国高校放送コンテストのようなことは避けたいと思っていたので、作品を事前に確認してもらった。誠意を尽くしたつもりだった。

「やはり、私のインタビューは使用しないでください。私の立場は、ケーブルテレビへ出向の身であって、信越放送の報道部長じゃないですから」

そう言われるかもしれないと予想はしていたが、やはり……複雑な心境だった。

「信越放送をぬいた編集をするわけにはいきません」

「いま担当している笠原報道部長に話をしておきますから、再取材したらどうですか」

その後、教育問題について雑談をして、私は帰路についた。

信越放送を再取材する

信越放送（TBS系）の笠原秀次郎報道部長の取材は、すぐに了解がとれた。数日後、長野市の本社に行って、中島さんのときと同じ応接室で取材は始まった。笠原部長に聞くことは決まっている。中島報道部長（松本サリン事件発生当時）のコメントに代わるインタビューが必要だった。笠原さんは、中島さんと話し方から論法まで似ていた。が、警察情報と報道機関についてわかりやすい話が聞け、新しいメンバーには勉強になった。

Q… 河野さんの場合はどうだったのでしょう。警察の意図はあったにせよ、逮捕されてないわけですよね。こういう場合の報道は、報道した側の責任なのか、それとも、リーク情報を流した警察側の責任なのか、どっちになるのでしょう。

A…【笠原】たとえばねえ、河野さんの例について言うと、河野さんは逮捕された容疑者ではなかった。でもかりに、誤認逮捕というのがありますね。逮捕は法律の正式な手続きで公的なものだから、これをやってしまうと警察は人権を侵したことになるし、名誉毀《き》損《そん》の対象にもなる。それでは、それを報道したわれわれはどうかというと、ひじょうに難しい問題になりましてね。まあたぶん、警察が民間会社じゃなく、裁判所から令状をとって逮捕する機関だから、大半は警察に責任を負ってもらわなければいけないということでしょうね。じゃ、われわれはどうなるのかっていうと、一義的に言えば責任はないということになるのかもしれない、基本的には。流したということに対する基本的な問題は、たぶん残るでしょうね。

Q…捜査当局からの情報がまちがっていたら、マスコミもぜんぶまちがえてしまう。そうなったときに、そのまちがえた情報を流した責任は警察側がとるべきもの、ということですか。

A…一般論として言いますと、われわれの重要なニュースソースといいますのは、事件に関して言うと、警察であったり、検察庁であったり、法的な強制力をもつ捜査機関、あるいは組織的に捜査できる捜査機関なんですね。われわれも松本サリン事件で大きな失敗をしました、反省をもっています。ですからかりに公的な情報であろうと鵜呑みにできない。いろんな情報を総合して、われわれなりに人権をつねに頭に入れながら、報道の判断材料にしなければいけない、そうしないと、また同じことをくり返してしまうと考えています。

Q…それは、報道機関に限界があるということでしょうか。

A…事実問題としてはありますね。それは、報道機関は捜査機関ではない。強制的な捜査能力もないし、組織的な捜査能力もないし、したがって公的な捜査機関である警察とか検察庁の情報とかが、やはり主たる情報、重要な情報ですよ。このことについては、これからも変わらないでしょうね。ただその情報をどういうふうに処理するかは、報道機関に与えられたかなり大きな命題というか、問題でしょうね。

Q…今回の事件報道の教訓は、どんなところにありますか。

A…今度の事件としては、いちばんの反省点はやはり、限られた情報、表《おもて》の情報ということですよね。結果的に、そこに傾斜してしまった結果として、ああいうかたちになってしまった。だから、われわれの職場であるニュースという世界のなかでは、とにかく情報を複合的に集めないと、またあのようなことをくり返すという反省をもっています。

Q…チェック機関を設けているのですか。

A…あらゆる会議でそういうことを話しあっています。毎日、事件・事故の報道がありますので、これは人権を侵害しないかどうか、あの事件を教訓にし、つねに思い起こしているということです。これは、コンピュータに入力すると答えがでるという（たぐいの）ものではありません。取材も報道も人がやることですから、コンピュータのように画一的にこの情報を入力すると絶対まちがいない、人権を侵さない、ということにはならないんですね、残念ながら。ですから、われわれ自身が勉強したことを、思いとして実践していかなくてはいけないと思っています。

このあと、なぜ信越放送だけ河野さんの記者会見で顔にモザイクをかけたのか、そして、あとではずしたのかなどを聞いて、この日の取材を終えた。

中島さんの部分を笠原報道部長に置きかえることで、編集の大きな変更はなく、締め切りを二日過ぎて証言集は完成した。東京ビデオフェスティバル事務局に作品発送の遅れを電話で謝罪し、松澤亮が速達便で作品を送った。時間外の投函だったが、大浦記者はこの発送シーンも取材した。数日後、彼が学校に来たとき、しみじみ言った。

「放送局の関係者のなかには、生徒を使って林先生は自分の作品をつくっていると言う人がいます。しかし、この作品制作の過程を追っていて、松澤君をはじめ生徒たちが格段に成長するのがわかりました。松澤君の変化というか成長が、すべてを象徴していますよね」

この言葉は、私の心に響いた。「そうなんですよ。そこをわかってほしいんだよね」。

生徒だけでも、教師だけでも、保護者だけでもできない。協働作業のおもしろさが放送部の活動の醍醐味だ。というよりも、メディア教育の醍醐味と言ったらいいだろうか。

テレビは何を伝えたか

——松本サリン事件のテレビ報道から

●ビデオ証言集より

*——所属・肩書きは取材当時のものです。

河野義行さん

初期報道を振り返って

長野放送松本支局
松本報道制作部・浅輪清記者

なぜ「薬品の調合ミス」という情報が？

テレビ信州松本支局 報道制作局
報道部・大浦圭治記者

警察情報に頼りすぎたのでは？

長野朝日放送松本支局
報道部・唐沢真理子記者

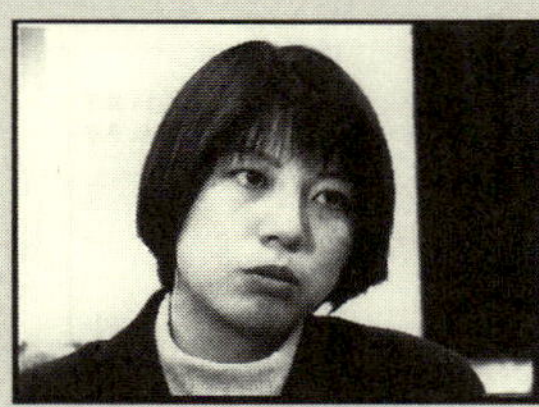

なぜ切り換えられなかったのか

NHK松本支局・
安田昌彦記者

謝罪について

テレビ信州報道制作局・
倉田治夫報道部長

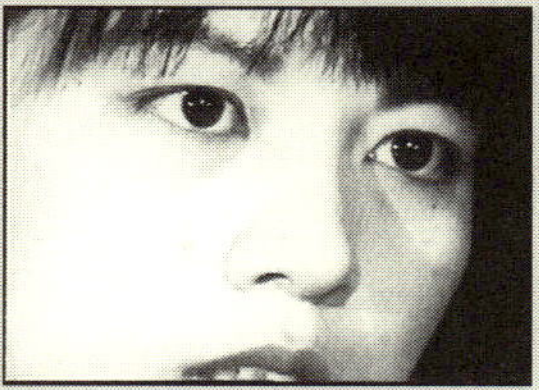

この報道の責任は?
長野朝日放送・唐沢記者

テレビ報道は何を伝えたか
テレビ信州・大浦記者

どんな教訓を残したのか
長野朝日放送報道制作局・下平彰一報道部長

繰り返さないために対策はあるか?
テレビ信州・倉田報道部長

再発は防げるか
信越放送報道制作局・笠原秀次郎報道部長

・犯人のように報道された河野義行さんは

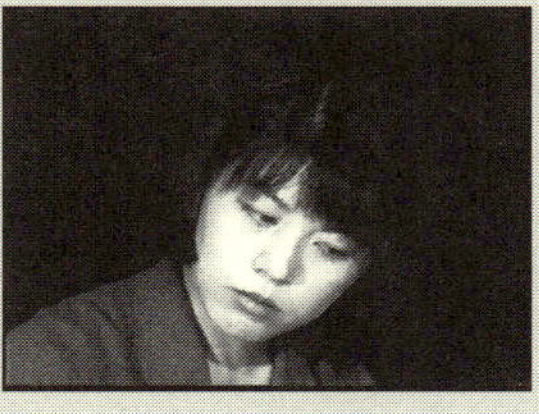

・現場の記者は?
長野朝日放送・唐沢記者

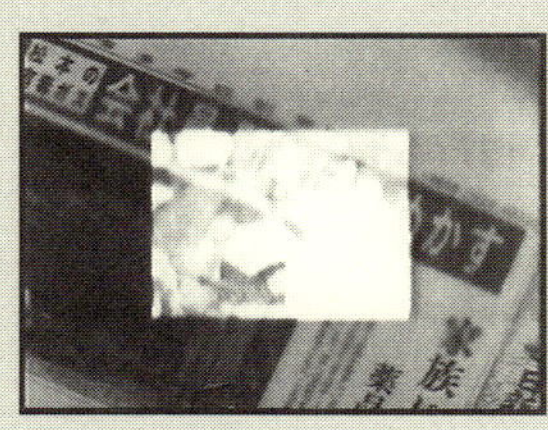

『放送レポート』2001年7月号（メディア総合研究所発行）から

三……マスメディアの「弱さ」

入賞の知らせは、一九九七年もおし迫った十二月二十二日の昼過ぎに入った。東京ビデオフェスティバル事務局からの電話だった。

「一月二十四日の授賞式に来ていただけますか」

弾んだ声で、話は進んでいった。

「どんな賞にノミネートされたのでしょうか」

それは教えてもらえないであろうと知りながら、つい聞きたくなるのが人情というものだ。

「それは、いま言うことはできませんが、高校生の皆さんがとっても喜ぶと思います」

内心「やった」と思い、胸が躍った。

私は受話器を置くと、研究室にいた数人の部員と握手し、すぐに大浦記者に電話をした。彼がこだわって取材したことがこれで報われるだろう。いわば彼と二人三脚でやってきた仕事でもある。大浦記者は、松本サリン事件の報道の問題をなんらかのかたちで残したいと思っていた。それがマスメディアの内側では難しいことを知っていたから、放送部の活動に協力してくれたのだと思う。受賞を機に、彼が制作する長めのドキュメンタリーはどんな番組になるのだろう。

「大浦さん、入賞したみたいですよ」

「よかったですね。あの作品だったら当然です。授賞式はいつですか」

「一月二十四日、会場は東京国際フォーラムです」

「取材に行けるように手配します」

放送部の活動を自分たちで作品にすることはなかなかできない。しかし、メイキングのほうがどれくらいドラマチックか。それを見るほうが、どれほどハラハラ、ドキドキするだろうか。いつもそう思っていても、作品をつくることに精一杯で、「自分たちを撮る」余裕がない。だから、制作のはじめから追っていってくれた番組が楽しみだった。

特急列車のなかで飛び込んできたニュース

年が明けて九八年一月十三日、東京ビデオフェスティバル授賞式の十日ほどまえ、小林美鳥と私は「仕事フェスティバル」の授賞式に向かった。先述したように九七年は、NHK杯全国高校放送コンテストの雪辱戦としてさまざまなコンテストにエントリーしていた。そのひとつが「九八 仕事フェスティバル」だった。結果は優秀賞、「また一位を逃した」と小林はぶつぶつ言っていたが、二人で大阪へ向かった。「特急しなの」の車中で私の携帯電話が鳴った。東京ビデオフェスティバルで広報を担当する佐藤さんからだった。

「林先生ですか。受賞作品の取材の件でお願いしたいことがあります。TBS『ニュースの森』で特集したいということですが、内容が内容ですから、放送するために了解が必要なことはありますか」

一年まえのことがまた頭によぎった。

「以前、放送でもめたことがありますが、今度は大丈夫だと思います。ＴＢＳとも打ちあわせながら、できるだけ全体を流したいのですが」

「最長で一〇分ですから、すべてというわけにはいかないと思います。授賞式の模様も入りますので……」

取材する記者は、宮沢祐介さんとのことだった。私はすぐに電話を入れた。宮沢記者はとても話しやすい記者だった。中央西線のトンネル区間でときどき通話をさえぎられながら、「受賞作品のうち一本に焦点を当てたい、ＴＢＳとしては坂本弁護士の件もあり、あつかうならば『テレビは何を伝えたか』を中心にしたい」と言う。うれしい話だった。

余談だが、仕事フェスティバル授賞式のあと、小林美鳥は「せっかくだから一日大阪に残って観光する」と言って、大阪に残った。ところが、十四日未明に記録的な大雪となりＪＲが不通、松本までたどりつけずに名古屋で足止めされた。二日遅れで帰ってきたときには、部員から「ひとりだけいい思いをしようとするから、天罰がくだった」とからかわれた。

放送部のNHK取材をTBSが取材？

大雪が降って数日後、「ニュースの森」の宮沢記者が、松本美須々ヶ丘高校にやってきた。松本はあまり雪の降る街ではない。しかし、記録的な大雪で、すっかり松本市内の交通は混乱していた。テラス囲いが雪の重みでつぶれたり、除雪が進まず車が入れない路地まででるしまつ、幹線道路ものろのろ運転となり、私たちは、通勤にふだんの三倍も時間がかかっていた。

「初めまして、ＴＢＳの宮沢です。それにしてもひどい雪ですね」

学校の全景を撮影して腰のあたりまでついた雪をはらいながら、宮沢記者が研究室に入ってきた。

「こんなに降ることはめったにないんですよ」

生徒への取材は放課後となる。それまで、作品制作の経過などを彼と話した。「ニュースキャスター」（テレビ朝日系）と「スペースＪ」（ＴＢＳ系）の話になったとき、宮沢記者は、ニューヨークにいる下村健一氏のことを話しだした。下村氏は「スペースＪ」のキャスターとして、松本サリン事件の犯人については、早い時期から疑問を投げかける伝え方をしていた。河野さんも彼のことは信頼していて、ときどき話題にのぼる人物だった。

「ぼくがつくる特集より、生徒の作品を早く見せろとうるさいんです」

「そうですか、下村さんのことは河野さんからうかがっています。ぜひ一度しっかり話をしたいと思っています」

「作品の感想も彼から聞いておきますし、東京に帰ってきたときに紹介しますね」

授業が終わり、研究室に部員たちが入ってきた。一気にまわりが騒々しくなった。

宮沢記者に松澤亮ほか制作メンバーを紹介すると、それからは放送部の活動のようすや、制作に関わった生徒の現在の意識などについて取材が進んだ。河野家のまえの駐車場をバックに、発生当時をふり返った松澤と上條へのインタビューもおこなわれた。

放送部は、ビデオ証言集の制作と並行して、記者のインタビュー全文を載せた資料集を作成する計画も進めていた。ビデオはたかが二十分、文字情報にしたら七千字程度しか盛り込めない。今回のインタビューは文字にして残すことが必要だと考えていた。すでに、これまでの記者の言葉のタイプアップは終わっていたが、報道の責任者という観点で言うと、NHK長野の報道責任者のインタビューが収録できていなかった。ドキュメンタリー形式にするか、全文を載せた資料集にするかは決定していなかったが、NHKの報道責任者の証言は取材しておきたいと思い、NHK長野放送局長・清川輝基さんに打診すると快く承諾してくれた。

放送部の活動や部員に対する取材があったつぎの日、NHK長野の報道責任者に当時のようすを聞くことにしていた。この取材に、宮沢記者（TBS）も同行することになった。

私は、テレビメディアが同業者の取材をタブーとしていることを、以前から疑問に感じていた。報道がマスメディアを取材対象としないこと、とくに同じメディア間ではニュースにすること自体が珍しいこと。「もちつもたれつ」なのか、それともおたがいに牽制しあって取材できないのかわからないが、突き崩さなくてはならない壁のひとつだと考えていた。だからあえて、清川局長にTBSの取材を承諾してもらいたい旨を話した。「映像のみで音声を使わない」ことを条件に、取材は許された。

証言資料集制作に向けてNHK長野へ

取材の日はいちだんと寒かった。NHK長野放送局は冬季オリンピックを機会に、長野市城山の社屋から同市若里に移転することになっていた。移転準備などで局内はずいぶんバタバタしていたと思う。それでも、清川局長のほかに、報道責任者だった放送部長とニュースデスクが時間をさき、ラジオスタジオで取材に応じてくれた。いままでの取材のなかで、もっとも積極的な対応だった。取材には、松澤、西澤、上條、関のほか、大学でマスメディアについて研究する予定になっている勝野恵子も加わった。

ひととおりの挨拶のあと、取材が始まる。ＴＢＳの宮沢さんに、清川局長がひとこと声をかけた。「音はとらないように、仁義を守ってくれ」

あとから聞くと、ＮＨＫ長野の局内では、ＴＢＳの取材を許した清川局長の対応に不満があったという。現場は緊張感があった。

最初に「テレビは何を伝えたか」の感想を聞いてみた。清川局長は、「答えている記者たち、民放さんのテレビ局の責任者はひじょうに誠実に対応していて、いまのテレビ局がもつ、ある種のアキレス腱の部分を正直に語っているような印象ですね」と答えてくれた。また、放送部長からは「当時のことを思い出しながら、それぞれ同じ悩みや問題点を抱えながら取材活動を続けていたことをあらためて考えました」とのコメントがあった。

続いて、松本サリン事件の報道で得た教訓と再発防止策についてたずねた。

「河野さんにはひじょうにご迷惑をおかけする結果になりました。現場の第一線の記者は当時、一生懸命、自分の任務をはたすために走りまわっていたわけです。もちろん、人を傷つけたり、だれかを犯人にしたてる意図はまったくなかったにもかかわらず、結果として河野さんにご迷惑をかけるような印象をつくってしまいました。いままで以上に、人権と犯罪報道の怖さを、現場も、それからわれわれ責任者も自戒していかなくてはならない」

清川局長はそう答えた。

「農薬調合ミス」情報は、なぜでたか

Q…このような結果になってしまった理由のひとつに、情報の精査ができていなかったことが指摘されていますが、事件報道のキーポイントになった「農薬の調合ミス」は、どうして流れてしまったのでしょうか。

A…【清川】これは単純なニュースだけではなく「NHKスペシャル」や「クローズアップ現代」のような大きな番組、あるいは社会問題に向きあう番組に共通する特徴ですが、ひとりの人間だけで情報源や全容にせまるということは、現代社会においてほとんど無理な時代になっています。つまり、ひとつの社会現象を立体的に解明するには、おおぜいの人間が多角的に取材して全貌をあきらかにしていかなければならない時代です。そのなかで、そのことがひとつの落とし穴になっているのだと思います。

つまり、ひとりの人間が完全にあらゆる場所をまわってあらゆる人に取材をして、それをレポートするというのなら、自分が知り、確認した情報しか原稿にしません。しかし、多様な人間がひとつの現象を追いかける場合、だれか別の記者が確認した可能性があることを、逆に記者一人ひとりが確認できないわけです。同じ社内でも、自分の取材

範囲外からでてきた情報に関しては、記者個人レベルではそれを信じるしかない。取材システムの問題なのです。現代社会が複雑であればあるほど、あるいは起こっている出来事が多様で複雑な事件になればなるほど、このような落とし穴があることを、今度の事件でも思い知らされました。

Q…「農薬調合ミス」の報道が、今回の事件のターニング・ポイントだったと思います。共同通信の配信をもとに放送した局もありましたが、NHKの場合はどうだったのですか。

A…【デスク】うちは共同通信の配信で原稿を書くことはありません。まちがいなくNHK全体のなかでちゃんとした取材をして、原稿は完成します。

Q…その裏をとるのに長野はずいぶん動いたわけですね。しかし、長野ではだれも確認できなかったのに、それでも記事としてでていきましたよね。

A…たとえばね。いま何かの事件があり、長野で私が確認をとらせる。そのなかで「おかしい」といった情報がとれたとします。しかしそのとき、肯定情報と否定情報があって、どっちが信じられるのか、それを裏付けるものは何か、総合的にどっちをとるかを判断するのは人間です。

Q…長野では、少なくとも現場では、肯定情報は確認できなかったんですよね。

A…そうですね。たとえば消防署など、関係するところはみんなまわっていますが、とれていません。

Q…長野ではどの局もとれなかったのに、どうして、でていったのでしょう。

A…なぜ、止められなかったかということですね。

Q…そうです。ＮＨＫの場合、東京で判断されたことと解釈していいですか。

A…まあ、事実上はね。

A…【部長】ひとつ言わせていただければ、ＮＨＫとしては放送としてだす場合は、組織をふくめてＮＨＫとして責任をもってだします。ローカルにも全国放送にもだしますが、それはＮＨＫの責任であるということです。けっして長野とか東京とか（という話ではなく、また）建前でという話で申し上げているわけではありません。

Q…放送局のなかでもっとも取材力があったのが、ＮＨＫだと思っています。当然、最初にサリンについて科学的にあきらかにされたのは「クローズアップ現代」でした。それなのに、なぜ「農薬調合ミス」が止まらなかったか不思議なのです。

A…【清川】最初に申し上げたようにね、現代のさまざまな原因、複雑な現象があって、それが初期段階における取材の落とし穴だろうと思います。つまり、長野だけではなく東京もふくめて、他社に比べて多角的に複雑多様な取材をしていました。あの情報（農薬調合ミス）をだしていくというところでは、複雑であればあるほど、落とし穴が起こる危険があったということを、あらためてわれわれも思い知らされたということですね。

現場記者からの情報を、デスクはどう判断するか

質問は、デスク役である報道責任者の教訓というところに進んでいった。ＮＨＫは、この事件か

ら何を得たのだろうか。西澤伸太郎がこだわって質問した。

Q…デスクが得た情報と記者の皆さんの情報は違っていて、それでも最終的にはデスクが決定します。今回の事件は、デスク役に大きな教訓があったと思いますが。

A…【デスク】私はいま、デスクをやっていますが、記者がいろいろな情報をもってきます。ただ、情報が取材相手によって、あるいは取材先との信頼関係によっても異なります。いつも確実な情報が入ってくるわけじゃないです。ですからたとえば、表（おもての情報）なのか、あるいは独自情報（裏情報）なのか、同じ捜査員に聞いたにしても、本当に信頼できる人ならそのままだせますが、うそを言う人もいます。さまざまなレベルの情報がデスクにみんな入ってくる。捜査情報やそれ以外の人の情報もふくめて、同じことを取材していても、これだけ濃淡があります。極端なこと言うと、堂々と「うそ」を言う人もいます。取材する人間は当然、公式のおつきあいしかしてないのですから、それをデスクが、そのなかでどれが信頼できるのかを判断していかなくてはいけないのです。まず、その情報が本当かどうか、チェックしなくてはいけないのです。

しかし、場合（分野）によっては、ほんとに信頼できる人間であれば、複数の確認なしにだす場合もあります。当然われわれが、その記者と取材先との信頼関係もぜんぶ把握していて、記者の特性を知ったうえで判断しなくてはならない。そうしないと、正確に情報が伝わってこないし、報告が真実だと思ってデスクをしていたら、記者との意識がずれてきます。われわれデスクにとっても、情報を受けとる力が試されているのです。そうしないと、まさに正確なニュースはでていかないと思います。難しいですね。

Q…いまのお答えが本音だと思います。

A…【清川】やっぱり世の中に対する経験もいるし、見方の深さを積み重ねてきた人がデスクになりますが、万能ではないし、絶対にまちがいを起こさないとは言いきれません。だから目蔵という言葉を使いましただ、とくに人権が絡む問題に関しては、こういう出来事が起こるたびに、NHKのなかでも、人権への配慮に対するガイドラインをつくって全職員に配り、放送倫理や放送と人権について学習会をやっています。それでも起こる危険をいつも抱えている。けっしてぼくら、パーフェクトではありません。

Q…そのガイドラインはNHKのなかで決めているのですか。

A…放送現場の倫理に関する委員会がNHKにはあって、小冊子をつくり去年の二月に全員に配っています。もちろんまえから、現場で仕事をする人間に対して「表現の問題」や「商業主義的な放送をしてはいけない」こともふくめ、改訂しながら番組基準ハンドブックをつくって内部に徹底しているのですが、落とし穴みたいなところへはまることがあるんですね。

テレビ番組は「商品」か

話は、送りだす番組や放送が「商品」であるかどうかという問題に及んだ。しかし、この点についてはＮＨＫの局としての特性もあり、議論は平行線のようだった。

Q…メディアからでているものは商品だと思っています。欠陥商品をだしたことに関する責任とアフターケアについて、お話を聞きたいのですが。

A…【清川】私自身も三十数年、放送の仕事に携わっていますけど、若いころ報道番組の制作をやったり、ニュースの責任者をやったりしてきた人間ですが、年を追うごとに放送や情報の中身に対して、人権や倫理に対して意識した番組やニュースがだされていると、（それが）年々強くなってきていると実感しています。

それがいま、ＰＬ法とおっしゃったけれども、製造物の製造責任を負う会社と同じように、責任を負うというわけにはいきません。しかし、たとえばその放送によって被害を受けた人や名誉を毀損された人が訴える期間も、かつては短く、訴える準備をしているうちにその期間が過ぎてしまうことがありました。いまは、どんどん延びているわけです。われわれの側の、放送したものの保存期間も三か月になっています。言ってみれば、責任を問われる側としての、責任を問われる条件づくりが、客観的には進んできていると思います。

Q…あの、ＮＨＫ長野としては、番組は商品であると思っていらっしゃるんですか。

A…商品というより、情報サービスと思っています。ただ現場の人に対してね、番組の完成度をあげろ、という会話のときには「変な商品をだすわけにはいかないんだ」と、情報を商品として伝えます。われわれ（ＮＨＫ）は、受信料に基づいて国民から付託され、情報を提供していく仕事を請け負っているわけです。そういう意味では、その商品を売るという感覚はありません。つまり一個一個の情報や番組に値段をつけて、高くとか安く売るという感覚はありません。だから、提供する情報に対する責任は、商品という言葉以上に重いです。

「受信料払っていただいている人たちに対して適切な情報提供をする」という意味では、まちがいがあってはいけない。適切でなければならない。速やかでなければいけない。その課題というのは、商品という言語以上に重いと、ぼくらは思っています。

Q…ぼくたちは今回この作品をつくりまして、記者の人たちの痛みや、テレビ局の裏側が少し見えてきました。しかし、人間がつくればまちがうこともある「メディアの弱さ」をさらけだせないのは、どうしてなのでしょうか。

A…それはねえ、ぼくはさらけだせないとは思っていないのですよ。私自身はこれまで放送のなかに身を置きながら、いろいろな会合で、メディアのもつアキレス腱、弱さ、矛盾を語ってきました。むしろ、放送のもつ怖さというのについても外へ（向けて）ずいぶん話をしてきましたし。これからの言葉でメディア・リテラシーと言いますが、メディアは急速に発達してきたものだから、どのように接していくか。子どもたちが学校教育のなかできちんと学問として、方法論として学習しないでメディアに接するわけです、とくにテレビね。そのことがひじょうに怖いことだと私は思っています。

たとえば車に乗るのに、運転免許をとって、道路交通法を学んでから乗るのと同じように、テレビに接するまえに、テレビという怪物がどういうメディアか、どういう危険をもっているか、どんなメリットがあるかを、もっと学校教育の場できちっと教えるべきだとずっと思っています。そういう意味で、最近、メディア・リテラシーという言葉がみんなの口にのぼるようになり、重要だという意識がでてきましたが、私は個人的にはもう二十年まえから一種の委員会に参加していまして、「国民の知る権利と放送」をどのように調和させ、人びとがどれだけメディアと適切に向きあえるか、さまざまなシンポジウムにでたりしてきました。
ぼくは、メディアへの接し方をぜひ学校教育のなかできちっとしてほしい。だから、そういう意味では、皆さんのように今回の事件をきっかけにして、メディアのあり方に興味をもって真正面からアプローチしてくれること自体が、ひじょうにいいことだと思っています。

取材は二時間ほど、とくに「農薬調合ミス情報がなぜ放送されたか」という点について詳しく話を聞いた。取材の最後に、あらためて私たちの作品について清川局長に感想を求めると、「放送局にはけっしてできない番組であり、メディア・リテラシーの取り組みとしてひじょうに優れている」と言われた。——ここでも、メディア・リテラシーという言葉で評価されるのか。

メディア・リテラシーとの出会い

メディア・リテラシーという言葉に出会ったのは、前年の九七年秋のことだった。私の高校時代の後輩で、NHK長野に勤める上嶋《かみじま》隆一ディレクターから、テレビ番組についてワークショップをもとうと誘いがあったときだ。メディア・リテラシーという言葉を電話の会話のなかで聞いたような気がする。しかし、聞きなれない言葉で、はじめはメディアなんたらかんたら……と、まともに覚えられなかったし、意味もわからなかった。その年の暮れになってウェブ上で書籍検索すると、当時は三件しかヒットしてこなかった。カナダ・オンタリオ州のメディア・リテラシーの教科書と、立命館大学の鈴木みどりさんがおこなっているFCT (Forum for Citizens' Television and Media) の活動を記した著書だったと思う。もうひとつは忘れてしまった。

上嶋さんは、韓国の文化に詳しい。信州大学の大学院生だったとき、私たちが企画した韓国旅行の講師として、韓国の文化について授業をしてもらったこともあった。彼が誘ってくれたワークショップは、信州大学の学生と市民運動をしている近藤さんといっしょにおこなうことになった。おもしろそうだったし、ちょうどビデオ証言集が完成した時期だったので、この作品自体も教材になるかもしれないと思った。上嶋さんに「送り手」の立場で見てもらって、感想も聞きたかった。そんな思いもあり、引きうけることにした。

場所は、松本美須々ヶ丘高校の私の研究室。教材は上嶋ディレクターが取材したニュース映像で、松本市入山辺《いりやまべ》に残る地下壕の保存と見学会を、信州大学の学生が案内役となってレクチャーする内容だった。ローカルニュースで放送された録画と、短く再編集された首都圏版を比較しながら、編集によって編み変わっていく映像メディアの特性や、何日間も取材して数時間テープを回しても、選択して使用される部分はほんの少しである特性について、被取材者であった大学生をおもなターゲットにワークショップは進んでいった。

上嶋さんは、大学生をまえに、ディレクターの編集意図を説明し、さかんに「映像の文法」という言葉を使った。映像のつなぎ方や切りとり方で、相手に与える印象は違ってくる。それは言葉の文法に似ているが、「文法」という表現は、映像作品制作の経験がない大学生には難しいようだった。しかし、このワークショップは大学で「映像メディアの特性」を学ぶ講座として開講しても、十分に価値ある内容だと感じた。ただし、そのときはまだ、「リテラシー」という言葉は、私のなかでも実感をもったものになっていなかった。

今回、清川局長にコメントされ、取材後に十五分ほどメディア・リテラシーについて立ち話をしてはじめて、上嶋さんのワークショップと自分たちがおこなってきた活動がつながった。

映像というメディア、言葉というメディア、表現する媒体すべてをメディアと言うことができ、そのメディアの特性やあつかい方を知ること、メディアを読み解き批評すること、メディアを使って発信することを、「メディア・リテラシー」というのか！　最終コメントを考えていたときの感覚から、ぐっと視界が広がったような気がした。

東京ビデオフェスティバルの舞台へ

さて、一月二十四日、東京ビデオフェスティバル授賞式当日。式へは部員全員で参加することにした。プロ・アマを問わない国際大会である。その入賞は手放しで喜んでもいいと思った。それに、これでこの作品もきっと世に問える。テレビ報道のターニング・ポイントとしてオンエアできたら、これまでの苦労が実を結ぶだろう。この活動にもひとくぎりがつくと思った。

授賞式は東京国際フォーラムでおこなわれることになっており、二十回記念大会としていつもより大がかりだと聞いていた。私たち放送部の顧問三人は、「生徒とともにつくる入学式の取り組み」を全国教育研究集会の自主活動分科会でメインレポートとして発表するため、前日から群馬県にいた。当日の朝、私たち顧問は高崎から新幹線で東京駅に向かい、生徒は松本から始発のあずさに乗った。二十数人の移動になるので、三人の顧問のかわりに熊谷教諭が生徒を引率してくれた。

東京国際フォーラムには、すでにTBSの宮沢記者のクルー、テレビ信州の大浦記者のクルーが待機していた。生徒二十人は、会場に入るところから取材カメラに追われることになる。

十時から始まっているエントリー作品の上映会には、二百人くらいが参加していた。オフィシャルな上映会ではなく、会場の外でおこなわれているノンリニア編集機やビクターのビデオ機器の展示と同時に開催されていて、出入り自由なゆるい雰囲気の作品鑑賞だった。今回の大会には国の内外から約二千百点の作品が出品され、そこから最終ノミネート作品五十一点（国内二十九点）が選ばれていた。この日上映されている作品は、すべてなんらかの賞の入賞作品となる。ビデオ・アート、特撮を使った作品、麻薬患者に密着したルポルタージュなど、力作が上映されていった。「テレビは何を伝えたか」の上映となった。ほかの作品とは毛色が違う二十分間に、会場は静まりかえっていった。作品が終わった瞬間、どこからともなく会場に拍手が起こり、それがしだいに大きくなった。席の後ろからは「高校生だからできた作品だね」と囁《ささや》く声が聞こえた。隣にいた宮沢記者が「よかったですね」と握手を求めてくれた。

午後一時、いよいよ授賞式が始まった。大林宣彦、小林はくどう、羽仁進、竹中直人、椎名誠……らが、今回の審査員だった。このコンテストは日本ビクターが企画し、大林宣彦氏と小林はくどう氏が中心になって始めたもので、日本のビデオ表現の歴史を映しだしている。ソニーや松下電器がこのようなビデオ・コンテストから撤退するなかで、このフェスティバルだけが息長く続いていた。そんな東京ビデオフェスティバル二十回記念大会であり、懐かしい作品の話もあった。私が鮮烈に覚えていたのは、第一回大会の「走れ江ノ電」という大賞作品だった。中学校の放送部が受賞したことが当時、話題になったことを強烈に記憶していた。今回、広報を務めている佐藤さんが、その第一回大会グランプリ受賞者でもあった。

この大会入賞をきっかけに、ビデオ・ジャーナリストや映画監督、ビデオ・アーティストになっていった人も多い。その二十回の歴史となると盛りだくさんで、授賞式の進行はのびのびになっていた。部員たちは十九時三十分新宿発の高速バスで松本に帰る予定だったが、夕方五時を過ぎても私たちの出番にならない。どうもこのバスに乗ることは難しい状況となった。私は佐藤さんに、何時ごろ壇上に呼ばれるのか聞いた。

「もう少しかかりますね。すみません。帰りの交通機関の問題ですよね……。事務局の手づくりイベントなので、いつも進行が遅れてしまって……」

すまなそうに佐藤さんが言った。私はマネージャーの安田恵子と相談して、高速バスをキャンセルし、帰りの夕食の弁当を確保することにした。安田はすぐに新宿にとび、かわいそうに授賞式の記念写真には収まることができなかった。生徒が帰路につくのは、二十一時新宿発・最終の特急あずさ、松本へは零時近くの到着になりそうだった。

批判ではなく、弱さを描いた

午後六時半が過ぎ、いよいよ最終の二つの大賞を残すのみとなった。司会者が発表する。

「記念すべき第二十回東京ビデオフェスティバル日本ビクター大賞は、長野県松本美須々ヶ丘高校放送部制作、『テレビは何を伝えたか――松本サリン事件のテレビ報道から』に決定いたしました」

照明とカメラがいっせいに、松澤をはじめ部員の座っている座席に向いた。壇上に全員で上がり、松澤亮が代表して、日本で初めて販売された家庭用のビデオカメラと同じ重さがあるトロフィーを受けとった。その一部始終を、部員の浅井英世が、舞台の下手からビデオに収めていた。壇上で見ていて、それがとてもほほえましかった。

大林宣彦監督が講評を述べる。

「この作品は、高校生だからできた作品といえます。しかし、この作品を見たすべてのジャーナリストの皆さんが、ジャーナリズムとは何かという原点に立ち返り、自分の仕事をふり返ってくれるのではないか。そう思います」

松澤亮が、それに応えた。

「私たちがめざした作品のねらいは、テレビ報道を批判しようとしたのではありません。まちがえても訂正できないテレビ報道の弱さ、マスメディアの弱さを皆さんに知ってほしいと思い、制作しました」

短いけれど、いいスピーチだった。その後、もうひとつのビデオ大賞に、アメリカのビデオ・ジャーナリスト、ジョン・アルバート氏が制作した重厚なドキュメント「Life of Crime」の受賞発表があり、記念撮影となった。ステージのいちばん手前に放送部の生徒が陣どり、とても温かな雰囲気で授賞式は終わった。そのあとマスメディアの取材を受けながら、私はきょう一日、ビデオというメディアを通じたさまざまな交流から、ビデオの新たな可能性に接して少し興奮していた。「テレビは何を伝えたか」も、これできっと放送される機会が与えられるだろう。三年間こだわってきた終着駅がこの華々しい場でもあり、充実感をかみしめた。

時間が押したためにあわただしくおこなわれた懇親会だったが、映画監督の羽仁進さんから『テレビは何を伝えたか』のグランプリは全員一致でしたよ」と言われ、小林はくどうさんからは「これは、高校生ではなくジャーナリストが、自分の手でやるべきでしたね」と声をかけられた。きっとこの作品が呼び水になり、フリーのジャーナリストがこうしたテーマで作品をつくるだろう。そのきっかけになれたことだけでよいと思った。約三十分で生徒たちは帰路につき、私たち顧問三人も急いで高崎に向かった。

第四章

メディア・リテラシーの旅
——批判を越えて

一……消えない壁

東京ビデオフェスティバルがおこなわれた翌日から、全国紙では産経新聞、地方紙は共同通信をとおして「テレビは何を伝えたか　大賞受賞」の話題を新聞が伝えた。大会から二日した一月二十六日以降、全国さまざまなところから反響が届きはじめた。作品テープの複写依頼がほとんどだったが、作品放映の打診もあり、「希望どおりだね」と、部員とともに私は喜んだ。しかし、ラジオ作品をつくったときと同じように、反応の九割がマスメディアに関係する人たちからで、一般の人たちの反応はほとんど届かなかった。

「ニュースの森」でビデオ証言集が放送される

二十六日の午後、ふたたびＴＢＳの宮沢記者が松本美須々ヶ丘高校にやってきた。

「二日ぶりですね」

「毎日会っているような感覚ですよ」

私はコーヒーをすすめながら、テレビ信州で受賞の翌日に放送した、少し長めのニュースを見せながら、「ニュースの森」ではどんなタッチで制作するのか、どんな特集にするのか、宮沢記者と話をした。

「大浦さんのようにに自省的なタッチにはできませんね。少し、これからが見えるような、高校生の目をとおして報道に期待がもてるような特集にしたいと考えています」

私もそれがいいと思った。事件を直接取材した記者が番組に託すメッセージと、事件取材に直接関わっていない記者がつくる番組では、おのずと主張したいことが異なってくる。「ニュースの森」を視聴する地域を考えれば、問題があるテレビ報道という切り口より、テレビメディアをどのように市民が使っていくか未来が見えるほうがいいと思った。

私たちはこの日の夜、河野さんの家に受賞の報告にうかがうことになっていた。テレビの取材クルーと新聞社の記者が同行すると、報告する部員たちの数倍になる。申し訳ないと思いながら、八時に河野さんの家にうかがった。河野さんはいつものように、温かく迎えてくれた。

授賞式のようすや東京ビデオフェスティバルのことなど、大賞の盾を見せながら、松澤亮と西澤伸太郎が報告した。河野さんのところに初めて取材にうかがってから、二年半がたっていた。最後に東京のおみやげを差しだすと、「これがいちばん楽しみですよ」と冗談が飛びだし、その場に居あわせた人たちの笑いを誘った。

数日して、NHK労働組合（日放労）の方から「大賞をとった作品を見たい」との連絡があった。作品を送付すると、作品視聴の感想とともに送られてきたのが、『メディア・リテラシー』（日放労新書No.1）という本だった。私たちがビデオ証言集づくりをしているころ、日放労では、中央執行委員の市川克美氏を中心に「送り手のメディア・リテラシー」という観点から新書が編纂されていた。一般の書店にはないということなので、部員の学習のために十冊ほど購入した。

東京ビデオフェスティバルの大賞受賞はうれしかったが、私はこの受賞をつぎのステップのきっかけとしたかった。作品を制作した部員たちと私は、受賞を機に、放送局しか使うことができない当時のニュース映像とこの証言集をあわせ、一般視聴者を対象にした特別番組の制作につながればと願っていた。受賞後、わざわざ学校まで訪問してくれた地元テレビ局に希望をもったが、しかし、それ以上に、私はNHK長野に番組化の期待を寄せていた。

民放ではどうしても、他局の記者が証言している部分をあつかうことが難しい。この難題をはね返せるだけの度量が、民放地方局やケーブルテレビにあるか疑問だった。そう考えると、国民が一株を所有するような公共放送であるNHKが適役だろうし、長野県で起こったことでもあり、NHK長野が積極的に取り組んでほしかった。当然、制作した部員たちは、大胆にも全国ネットでの放送も夢見ていた。

世間ではつぎからつぎに事件が起こる。フェスティバルの話題は情報の新鮮さを求めるような話題ではないので、「ニュースの森」の特集は、放送予定が延期また延期となっていった。取材したTBSの宮沢記者からは、何度か放送日変更の連絡があった。取材が記録的な大雪の日だったため、雪の少ない松本が雪国のような風景として映っているので、「それでも雪が消えないうちには放送しましょう……」と、冗談交じりに話していた。

そして、東京ビデオフェスティバルから一か月ほどたち、「いつ放送になるの」と聞く部員たちの声も少なくなった二月二十六日、「ニュースの森」の特集「高校生が見た松本サリン事件」の放送となる。

突然の電話、あわてる記者からの要求は……

突然、取材に応じてくれたある記者から電話が入った。「ニュースの森」でどのようにあつかわれたのか、問い合わせの電話だった。彼はずいぶんあわてていた。どうしたのかとたずねると、『『ニュースの森』を上司が見て、『なぜ6チャン（TBS）のインタビューに答えているのか』という指摘を受けたが、そんな覚えもなく、最初、何がなんだかわからなかった」とのことだった。

その後、顚末《てんまつ》を聞くと、そもそもこの上司との齟齬《そご》は、記者が美須々ヶ丘高校放送部に取材されたときの所属と現在の所属が異なり、「ニュースの森」で放送されることを現在の上司に伝えていなかったことがおもな原因のようだった。私は、「ニュースの森」の内容と、番組が引用した彼のインタビュー部分について伝えた。けっして問題があるとは思えなかったし、特集での取りあげ方も良心的なあつかいだった。

そもそも彼は、当時の上司の指示で私たちの取材を受けていて、できあがった作品のコピーも送っていた。さらに、東京ビデオフェスティバルの受賞と「ニュースの森」の特集についても事前に伝え、番組内で彼のインタビューが部分的に使われる可能性も話してあった。放送部のこれまでの対応に問題はなかったことを確認して電話を切った。状況として、記者がしっかり説明すれば問題にならないと思っていた。

翌日、取材当時に彼が所属していた部署の報道責任者からも、「ニュースの森」のコピーを借りたいという電話があった。この問題が簡単に解決しそうにないようすが伝わってきた。そして、渦中の記者からもふたたび電話があった。彼は顚末書を書くハメになり、ずいぶん落ち込んでいた。彼に同情しながらも、文書の提出ですむならそれでもよかったと思った。しかし、彼はつぎのような内容を続けた。

・これから以後、私が答えた部分が放送されないようにしてほしい。

・学校教育の活動に協力するつもりで個人的に答えており、会社を代表しているわけではないので、被取材者の意向をくんでほしい。

・大学時代から記者として報道で働くことが夢であった。組織の人間であることを理解してほしい。

・答えたこと自体は悔いているものではなく、放送局の報道体制を変えていくのは、私たち若い者の義務だと思うが、報道の仕組みの変革には時間がかかるし、個人レベルでは限界がある。

これまでの手続きからいって私たちに落ち度がない以上、承諾できない内容だった。もちろん私も反論した。「大放送局が、高校生のつくった作品に目くじらたてることはないではないか」と。あつかわれているテーマが自分のこと（テレビ局や報道という組織）になると、どうしてこんなに過剰反応するのか、テレビ局という組織はどこもずいぶん硬直しているように思えてならなかった。

この騒動では、取材を受けた記者はもちろんのこと、特集したＴＢＳ、そして作品を制作した私たちも、だれも人の足を引っぱるようなことはしていない。それなのに、いまさら制作した作品の使用に制限を加えるのは理不尽であり、理屈では理解しがたいことだ。むしろ記者自身が上司を説得しなくてはいけないのではないか。それでもだめだというのであれば、現在の上司が私たちに対応すべきではないか。

「もし組織として公式な見解なら、上司が私に電話すべきだ」と、私は譲らなかった。こんな問題で作品が自由に使えなくなることは避けたかったし、放送がかなわないのであれば、これまで私たちがめざしてきたことは無に等しい。しかし、彼は「とにかく自分の部分は、これから放送に使ってもらっては困る」という主張をくり返すばかりだった。この作品において一人の記者の発言部分を抜いて再構成することは、作品が放送できないことを意味していた。三十分ほど話しただろうか、「最終的には私たちが判断する」と主張したものの、状況はきびしいことを悟った。

くり返すが、放送部は、取材した内容を授業で使うこと、作品として校内外に公表すること（放送コンテストや証言集をふくむ）などをはっきりと明示したうえで、取材の許可をとっていた。できあがった作品のコピーを送って、内容についても意見を求め、すべての記者にTBSで流れることも報告していた。放送できない理由がどこにあるのか。もし放送ができない事態になれば、部員にとっても、私にとっても、この件は一生忘れられないことだろう。

顧問団は連日、深夜まで話しあった。記者のこれからを考えれば、答えは決まっていた。しかし、その答えを言いだせずに時間だけが過ぎていった。

マスメディアは他人の批判は得意だが

ビデオ証言集は、異なった局の記者がインタビューに答え、不十分ではあるがテレビ報道のもつ問題点を浮き彫りにしている。

これまでテレビメディアが同業者の取材をタブーとしてきた状況からすれば、この作品の放送が実現すれば、テレビ報道にとって画期的なことであり、テレビメディアが批判を受け入れる懐の深さや、内部から変わる可能性を視聴者に示すことになると考えていた。部員も私も、テレビメディアの良心に期待していたからこそ、証言集の放送にこだわってきた。もし反対の立場だったら、テレビメディアは、放送をやめるのか。社会正義の名のもとの報道によって、これまでどれほどの一般の人びとが降格され、あるいは職を追われ、社会的な制裁を受けたか。しかし、いざ反対の立場になるとこのような対応になる。それがテレビメディアの現状なのか。

ラジオ作品の放送に関するいざこざに続き、今回の一件は、テレビメディアは「他人の批判は得意でも、自分が批判されることに慣れていない」「批判にとても弱い」という特性をあらためて私たちに示し、同時に作品を制作した生徒たちのテレビメディアに対する失望も生んだ。

マスメディアを批判することは簡単だ。しかし、批判すればするほど、マスメディアは閉じてしまい、かたくなになっていく。「批判を受けとめて変わるだけの懐の深さはない」と見切りをつけるしかなかった。「マスメディアが変われないのなら、視聴者が変わらなければ」という思いが、あらためてこの作品制作に関わった部員や、私をふくむ顧問のなかで強まっていった。

視聴者が変わるために、三年間で三十数人の部員が関わって取材し見てきた「テレビメディアの特性や弱さ」を、あらゆるメディアを使って訴えかけることにしよう。そう考えたときに「メディア・リテラシー」という言葉が、私のなかであらためてぐっと頭をもたげてきた。

「メディア・リテラシー」――きっとこれが、私たちの活動を意味づける言葉になる。

二……授業もメディアだ

部員たちがショックから立ち直るのは早かった。「世の中そんなに計画どおりにはいかない」という体験に「慣れっこ」になったのかもしれない。こうなったら、あらゆる方法、あらゆるメディアを使って、いままで知ったことを社会に露出していこうと考え、展開を始める。こう書くと、まるで破れかぶれのように聞こえるが、計画は比較的冷静に進められ、つぎのような方針を立てる。

・上映会、研究発表など活動の報告を増やす
・メディア・リテラシーの授業の取り組みを始める
・積極的に論文を発表する（懸賞論文など）
・証言集の演劇化を進める

部員のきみたちが授業をすればいい

受賞のニュースをきっかけに、研究集会やその他のイベントで作品の上映を要請される機会は増えた。これまでもコンテスト入賞作品や、「生徒が企画し、三年間をふり返る卒業式の企画」に関連した作品を上映する機会は多々あった。このような作品上映ならば、「へたな説明を加えるよりも、まずはＶＴＲをどうぞ」と映像を見てもらったほうが、発表を聞く人の理解が早い。しかし、

「テレビは何を伝えたか」の場合は少し違っていた。「作品の上映だけでは伝わらないこと」が多すぎるのだ。

この作品を制作することを決めたときから、ビデオ証言集にとって必要な「事件当時のニュース映像」が使用できないことや、作品内で語られている「記者という仕事の特異性」など、人びとが自分の体験に照らしあわせて理解することができにくい部分があることはわかっていた。このような「わかりづらさ」を埋めるため、部員たちは、作品の上映を依頼されると、二十分の作品上映に加えて「取材のきっかけ」や「過程」、「放送できなかった顛末」や「事件報道の問題点」などをまとめたプレゼンテーションを用意しなければならなかった。

上映会の進め方も、顧問だけで活動を紹介するより、生徒が加わって紹介するほうが話は会場に染みていく。それでも、人びとの反応は私たちが期待しているものとは少し違っていた。どちらかというと、作品の内容よりも、高校生がこの作品をつくったということにエールを送ってくれることが多かった。もう少し、この実践で到達したことを伝える仕掛けがいるように感じていた。

そんな思いから、私は冗談半分にこんなことを提案した。

「こんなにきみたちの作品が好評なら、まず自分の学校で活動を広げなくちゃね」

「美須々ヶ丘高で上映会をやるということですか」。松澤亮が言った。

「きみたちが授業をすればいいんだよ」

「え……出席をとったり自習の指示ならできますが、授業ですか」。西澤伸太郎がすぐに反応した。

私は、校務分掌の関係から出張が多かった。しかし、教科は芸術であり、音楽・美術・書道の各講座は同時に開講されるため、同じ科の先生に自習監督を頼むことが難しい。そこで、放送部員が講座にいる自習では、出席の確認や自習課題の説明と回収など、ずいぶん助けてもらっていた。西澤もそんな優秀なアシスタントのひとりだった。

「先生、また楽をしようとしていませんか」

「そうじゃない、人聞きの悪いこと言うなよ。上映会の説明でも、きみたちのほうが聞いてくれる人にウケがいい。もう少し取材して、わかったことを盛り込んでいけば、きっと授業としておもしろいものができると思うな。それに、広報活動をするなら学校教育のなかでおこなっていくほうが、多くの人を対象にできるからね」

生徒が授業をする教育実践は、授業内で短い発表をおこなう形態はあっても、授業案をつくって計画的におこなうことはあまり例がない（現在、「総合的な学習の時間」の取り組みで「先生体験」がおこなわれているところはある）。しかし、彼らはこの問題に関して、教師たちより圧倒的に情報をもち、そしてメッセージをもっている。なにより伝えたいというモチベーションがある。それに、生徒が生徒に対して授業をおこなうのは、その授業に参加する生徒にとっても刺激がある。おもしろそうなことばかりなので、すぐに実行にうつすことにした。

「教える」ことのプレッシャーがのしかかる

授業企画の担当は、三年生の西澤伸太郎ほか、二年生の齋藤由果と一年生の有井あきでチームをつくり、授業案作成に入った。西澤をこの実践の担当にしたのは、彼自身の意向もあったが、もうひとつ理由があった。彼の担任が公民科の宮本教諭であり、もしこのチームが授業をおこなうとしたら、彼が選択している宮本教諭の倫理社会の可能性が高かったからだ。宮本さんは発想が柔軟で「学校のあり方や新しい学び」について考えている教員のひとりであり、彼の協力を得ることでこの企画をさらに深めることができると感じていた。「テレビは何を伝えたか」の上映をおもな教材とした「放送部員（生徒）がおこなうメディア・リテラシーの授業」の企画が、こうして始まった。

素材としては、ビデオ証言集「テレビは何を伝えたか」と昨年まとめた高校生三百人のアンケート調査（一二二ページ参照）がある。しかし、それだけでは足りなかった。いま伝えたいことは「テレビ報道の特性」だった。メディア・リテラシーという観点からとらえた、テレビ報道の仕組みや弱さを提示することだ。それを、授業を受ける生徒に具体的に理解してもらうためには、「新聞報道との比較」が必要だった。

「新聞報道とテレビ報道の違いを、どう提示するつもり？」と西澤にたずねてみた。

「記者の数や取材件数など、送り手側の体制の違いを入れたいですね」と答えが返ってきた。即座の回答に、出だしとしては快調な滑りだしを感じていた。

新聞メディアとしては、信濃毎日新聞社の県内の記者数や、一記者が日にどのくらいのニュースを取材するかなど、長野本社に問い合わせた。また、情報量については単純に比較できないので、県内で午後六時台に放送されるローカルニュースを文字換算して、新聞のローカル面の文字数と比較するデータや、映像メディアと活字メディアの決定的な違いである「動画」の特性にもふれて、総合的に比較したいと彼らは話しあっていた。

一週間ほどで、授業であつかう素材（教材）については目鼻がついた。授業は二時間をひとつのまとまり（一単元）として構成し、それぞれの教材をつぎのように並べた。

1時間め
・メディア・リテラシーって、なに？
・高校生の情報源について（本校三百人のアンケートより）
・「テレビは何を伝えたか——松本サリン事件のテレビ報道から」上映

2時間め
・情報の送り手と受け手、両方の面からメディアの特徴を読みとる
・新聞とテレビニュースの違い（メディアの特性）
・映像の文法と特性についてカメラを使った実験

大きな枠組みは西澤チームが放送部の企画会議に提案し、細かなところは三年生の雑談のなかで修正しながら固まっていった。とくに、ビデオカメラを授業に持ち込み、そこでおこなわれている授業をニュースにし、その場で収録した異なった三カットをはめ込んでいく実験案などは、三年生の仲間で「こうしよう、ああしよう」と楽しそうに話していた。

放送部員は、学校内の「メディア使い」として映像や音声をあつかい、情報を伝える経験をもっている。情報の送り手としての経験があり、一般視聴者とマスメディアの中間に位置する。「その

立場や特性をいかして授業を進めれば、あまり問題なく展開できる」と、私はこの段階では考えていた。しかし、内容とは別のところで、彼らは壁にぶちあたった。

放送部が活動する午後四時から十時ごろまでのあいだ、数日にわたり、書道室の隣にあるコンピュータルームから西澤がでてこなくなった。何をしているのかと入り口からのぞくと、ただただコンピュータに向かい、頭を抱えているのだ。彼が何を悩んでいるのかわからず、声がかけられるような雰囲気でもなかった。

素材が集まりその並びを確定すれば、彼らの授業案としては七割完成といったところだ。あとはそれをわかりやすく説明し、うまく作業を入れながらつなげていくことを企画すればよかった。その作業は彼らにとって「お手のもの」のはずだ。毎日三十分の定時放送を生放送で送りだし、文化祭の一時間の開祭式も構成し制作している。そのステージ台本や放送台本をつくることは、授業案をつくることとほとんど同じ作業のはずだった。同じチームの齋藤由果に彼の悩みを聞いてみた。

「授業をするっていうことは、私たちが教えなくてはいけないのですよね」

「そう、きみたちが先生になって授業を進めればいいんだよ」

「そうですよね……」。齋藤の顔も曇っていた。

「西澤先輩は、教えることがない、と悩んでいるみたいです」

私は「え……」と絶句した。

あわててコンピュータルームに入っていき、西澤と話をした。確かに彼は「自分が教えなければならない」という強迫観念にも似た感覚に襲われ、何を伝えたらよいかまったくわからなくなっていた。端から見ていれば不思議なことだが、ふだん、マイクをまえに臆することもなく定時番組を放送しているのに、自分のおこなっている「伝える」活動と「授業」という方法とがうまく関連しないのだ。

「知っていることをわかりやすく説明していけばいいんだよ。いつもやっていることと同じだよ」

不安をとり除くために、簡単なことだと説明しても、

「教えるほど偉いことをしてないっす。だから何？　という感じになって」

西澤は半分泣きそうだった。

「きみが取材したことをそのまま伝えればいいんだよ。テレビ報道がどんな手順でニュースを送りだしているか。放送部の定時放送のようすを紹介しながら、やればいいじゃないか」

そうなだめても、何か胸につかえているようだった。

彼らにとって「授業」は特別なものであり、「学校の権威」「授業の権威」を刷り込まれている生徒たちにあらためて驚かされる。彼らには十分な情報が集まっているにもかかわらず、その情報の価値がわかっていないようだった。「教える」ということは、まわりの生徒より一段高いところから情報を流し込むこと。そんな構図を彼らは発想していた。「自分が一般の生徒とは違う権威をもって、ある場所に導いていかなくてはならない」。そんな幻想にとらわれていた。

「それなら、五十分の放送台本を書くつもりになったら」と話したときに、少し表情がゆるみ、西澤はノートに何かを書きはじめた。

1時間め　初めての先生役に顔面ソーハク、脂汗

当時、リテラシーという言葉が、顧問のあいだでおもしろおかしく語られていた。ちょうど、顧問団のひとり、室井さんが自宅を新築することになった。私は自分の家を新築するときに相当量の情報を集めたが、しかしというか、やはりというか、不満足な点がとても多かった。その反省にたって、友人の自宅新築のアドバイスをしていた。相談をしながら彼は、「これって、住宅リテラシーということ?」などと口にするようになる。それから「○○リテラシー」の会話は花盛りとなった。現在では、ウェブの検索をおこなうと、おびただしい数の「○○リテラシー」にヒットする。「おやじリテラシー」や「コギャルリテラシー」まで登場するが、その感覚もわかるような気がする。リテラシーという感覚は、いままでおこなってきたことを少し違った視点でとらえさせる力をもっている。

腰をすえて話しあってからも、西澤は相変わらずコンピュータ室にこもっていた。しかし、チームを組んだ部員と話すときは書道室に戻ってくるようになったし、進行状況も相談するようにはなった。しかし、今度は「ぼくたちは、メディア・リテラシーを普及しなくてはならない」という言葉を口にするようになる。

「ちょっと待て、メディア・リテラシーは宗教なのか」と彼らに問いかけながら、リテラシーという言葉がもっている「教条主義的なニュアンス」を彼は感じとっているのかもしれないと思った。このまま机上で検討を続けても煮つまったままで進展しそうになく、紙と鉛筆で事を進めていると、

とんでもない方向に進みそうなので、抵抗する西澤に、彼が選択している三年「倫理」で授業をする期日を通告した。彼らには「頭で考えるよりも、まず動きだす」ことが必要だった。

こうして一回めの授業は、西澤が履修している三十人ほどの選択授業「倫理」で始まった。三年生の「比較的気心の知れた仲間たちのところで一回めを」という宮本さんの配慮でもあった。

授業はまず、「本校の生徒が、どんなメディアからもっとも情報を得ているか」、本校三百人のアンケート結果を示した。西澤はやはり緊張していて、説明しなければならないことを忘れたり、唐突な説明をしたりと、ちぐはぐなスタートとなった。しかし、このようなことは織り込みずみだった。だれでも、授業の受け手と授業の送り手(いわゆる先生)になるのとでは、大きなギャップを体験する。多くの教育実習生が、その壁を越えられずに実習を終わる。高校生が高校生をまえにしておこなっているのだからなおさらのこと、安定するまでに時間がかかることは覚悟していた。

二十分ほどレクチャーが続き、その後、「テレビは何を伝えたか」の上映までやっとこぎつけたときには、西澤はすっかり脂汗をかき、顔面蒼白になっていた。クラスの生徒がビデオを見ているあいだ、自分が書いた授業進行の台本をまばたきもせずにじっと見ていた。

ビデオ上映が終わると、証言集を見た感想を仲間に求めた。

「私たちは昨年、先輩の取材に各局の報道部長を追加取材してこの作品をつくりましたが、これを見てどう思いましたか」

同じクラスの親友を指名した。

「正直言ってびっくりです。ふだんバカやってる西澤君たちが、こんな作品つくっていたなんて知らなかったし、高校生がつくった作品には見えなくて……」

親友のこの言葉につづき数人を指名すると、彼らは同じように「自分たちと同じ高校生が考え、制作していたことに対する驚きと称賛」を短い言葉で語った。そのとき、西澤の顔に血の気が戻った。それからというもの、人が変わったように雄弁になり、証言集制作の過程や内容について説明していった。最後に、つぎの時間でおこなうことを説明して、最初の授業は終了した。

全体的にみると、ハラハラ、ドキドキの連続だったが、担当の宮本さんとは、「まあ、二時間めは、実験が入るからもっと楽にできるでしょう。それにしても、自分で授業をしたほうが数倍、楽だね」と顔を見あわせた。

いちばん滅入っていたのは本人で、自分の書いた台本のように授業が進まなかったこと、自分がわかっていても言葉にできない(伝わらない)もどかしさで、かわいそうなほどうなだれていた。しかし、そのうなだれ方は、いままでコンピュータ室で頭を抱えていた彼とはあきらかに違っていて、つぎはどうするかという方法論について前向きに悩む感覚が戻っていた。

2時間め　映像実験を交えた授業に教室が沸く

二時間めは、情報の「受け手」と「送り手」の双方から、テレビ報道と新聞の特性を言語化して比較する作業的な構成で、授業が始まった。まずは、受け手側が各メディアをどうみているか、民間の調査機関の資料を使って分析した(二〇五ページ上の表)。

この表の四項目の数字のうち、いちばん数字が高いものを○、二番めに高い数字を△、もっとも低いものに×をつけ、○印は「肯定的」、×印は「否定的」な表現を使って新聞とテレビの特性を言語化してみた。そうすると、

新聞は『速くはないが、比較的正確で信頼ができるメディア』

テレビは『速く、わかりやすく伝え、影響力が強いメディア』

とまとめることができた（「比較的」と新聞について入れたのは、他の○印に比べ割合が低かったからである）。この言葉が実態を反映しているか否かは別である。あくまでも受け手を対象にしたアンケートを頼りにして、そこから特徴を言語化してみることが必要だった。それに、ワークシートを使った作業を盛り込むことに効果があり、一時間めとはうってかわって、西澤と講座の生徒はうまくかみあっていた。

つぎに、事前に各社に取材したデータをもとにして、長野県内の代表的な民放局と新聞社とを比較した（二〇五ページ下の表）。

新聞とテレビニュースの送り手のシステムの特性の違いを、記者数や取材時に必要なスタッフの数、一日に可能な取材件数などのデータをもとに、取材力という観点で比較した。新聞は一人で取材できるのに対して、テレビは少なくとも三人、多いときには音声をふくめて四人のクルーで取材する（テレビ報道は、新聞の三〜四倍の人件費がかかったことになる）。

基本的にテレビ報道は、その日取材したネタをまず、午後六時のローカルニュースをめざして編

集し、送りだす。六時のニュースが新聞の朝刊にあたるのだ。編集などを考えると、新聞の締め切り時間より早い段階で取材終了の時限がある。一人で一日に取材できる件数を比較すると、一人で写真も撮り記事も書く新聞記者は最大八件くらい、クルーで動き映像を編集しなくてはならないテレビニュースでは最大四件くらいであることを示した。

また、単純な比較はできないが、記者数は、県紙最大手である信濃毎日新聞が県下で九十人弱に対して、民放局としていちばん大きい信越放送でも二十人弱であることも示した。この記者数の違いには、授業を受けている生徒が驚く。新聞とテレビがどんな手順でニュースを送りだしていくかを示し、ここまでのデータを総合すると、一取材に出向くクルーの人数は多くても、テレビ報道は構造的に新聞の取材力にかなわないことなどを紹介していった。

とくにこの授業チームが伝えたかったことは、新聞が「残っていく」メディアであり、のちにだれでも検証ができるのに対して、テレビは「印象を残して消えていく」メディアであり、放送されたものをもう一度見ることが難しいという特性の違いだった。それを、スライドとOHPを使って説明していった。

このような違いを、最初に受け手のアンケートを使って言語化したものにつけ加えると、

新聞報道は『速くはないが、比較的正確で信頼でき、残っていくメディア』

テレビ報道は『速く、わかりやすく伝え、影響力が強いが、印象を残して消えていくメディア』

と言葉で表現することができた。ひとつのとらえ方である。

●各マスメディアの特徴について

	テレビ	新聞	ラジオ	雑誌
速く伝える	○ 76.0	× 1.8	△ 15.4	6.8
正確に伝える	△ 40.4	○ 50.2	× 3.0	6.4
信頼できる	△ 32.9	○ 57.0	× 3.0	7.1
分かりやすい	○ 72.8	△ 13.8	× 5.0	8.4
影響力がある	○ 85.9	△ 7.3	× 1.3	5.5

1998年3月アトラス調査（％）

●テレビと新聞の取材態勢のちがい

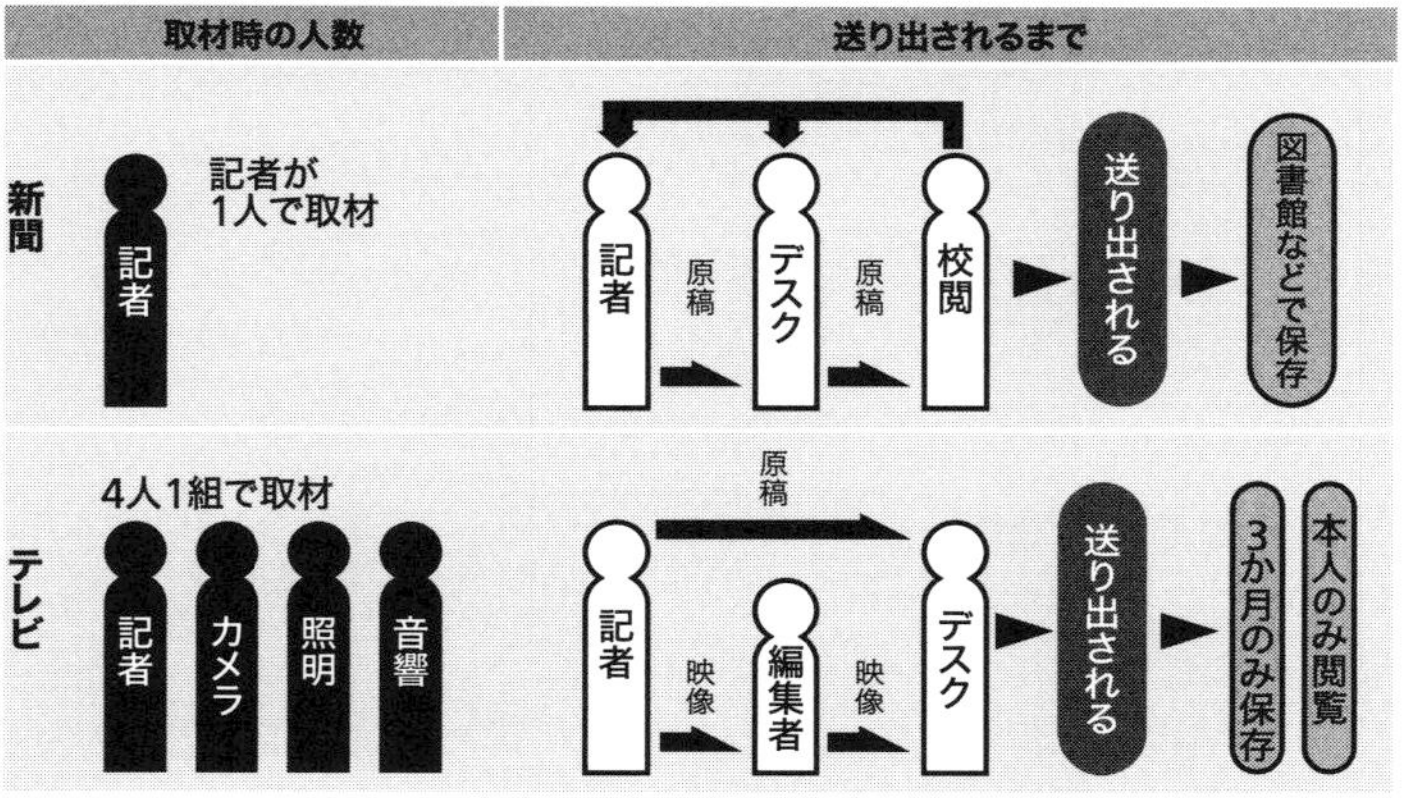

1998年松本美須々ヶ丘高校放送部調査

圧巻はつぎの教材だった。

カメラの撮り方によって、どのようにイメージが変わるか。映像の文法についてシンプルな「映像のマジック」の実験が始まった。カメラを持った上條聖と浅井英世が、アシスタントとして登場した。西澤の顔が一気に明るくなった。

「それでは、いまこうして実際に進行している授業を、三カットの映像がついた十五秒間のニュースにします」

「それでは、上條君。まずこの教室が生徒でいっぱいだと見えるポジションで五秒間、VTRを録画してください」

西澤の口調は、いきなり司会進行のトーンに変わった。

上條が撮る映像が、リアルタイムで視聴覚室の大きなスクリーンに映しだされていく。百人入る視聴覚室に三十人足らずでの授業、実際にはスカスカの教室にたくさんの人がいるかのように見えるアングルで、カメラが固定された。

「へえー……」。生徒から笑い声と驚きの声があがる。

「それではつぎに、私が授業をしているようすを正面から撮ってください。五秒間ね。……そしてここからが大切なんですが、熱心にぼくの説明を聞いてくれた人の表情を、二人くらいのグループショットで撮ってください」

二人の顔がスクリーンに映しだされると、教室中に爆笑が起こる。

「それでは、つぎに使用する三カットは、……」と、絶好調になった西澤とカメラクルーは、今度は少ない生徒と説明者の背後という、ネガティブな例示の三カットを撮影していく。

「先ほどは、一生懸命聞いていただいた皆さんを録画しましたが、二つめのニュースの最後のカットは、授業中に寝ていた人を撮ります。なんか、さっきの笑いで起きちゃいましたけど、その左端のA君、さっきの状態に戻ってもらって、えっ、なんですか。これはやらせとは言いません、再現映像と言います」

などと言いながら録画していった。ここでも仲間の笑いをとっていた。そして、

「一九九八年五月十日、松本美須々ヶ丘高校では、三年の選択・倫理の授業で、メディア・リテラシーの授業がおこなわれました。生徒は興味深く授業を受けていました」

という味もそっけもないニュース原稿に、先ほど撮影した二種類のシーン、

ポジティブ・バージョン（生徒がたくさんいる教室、授業者の正面の表情、話を真剣に聞く生徒）

ネガティブ・バージョン（ガラガラの教室、授業者の後ろ姿、居眠りをしている生徒）

をつけて上映した。

この実験では、同じ事象を撮影しても、撮り方と編集次第でまったく違うイメージ（印象）を視聴者に与えられることを、目のまえで示すことができた。自分が見ているフレームの外に映っていない情報があること、その場の空気や状況を映像メディアもすべて伝えているわけではなく、撮影者の視点で切りとられた一断面（事実の一面）にすぎないことを、生徒が体験できた。メディア・リテラシーで大切な「フレームによる切りとり」をはっきりと認識できた点は、授業の組み立てと

してうまくいっていたと思う。

この二時間めの授業は、一時間めとはうってかわってスムーズに進んだ。やはりカメラを持っている仲間がいたこと、提示する内容が映像作品の制作過程に関係していたこと、彼らが示す一つひとつの事例に「驚きの声」がわいたことなどが、成功の秘訣だったと思う。西澤伸太郎は一時間めとは別人のように、自信をもって語っていた。結局、二クラス四時間の授業を終えて、西澤チームはさまざまなことを学んだ。

授業って、双方向メディアだ

公民科の宮本教諭も、「もちろん制作したビデオに力があるが、それとともに『読み』と『書き』ではなく『読み書き』の体験がある放送部だから、説得力のある授業が展開できたのだと思う。教員ではできない授業だよ」と、この実践を評価してくれた。

授業を担当した西澤チームの部員たちは、

「やー、先生って大変な商売ですね。教える苦労がわかりました。今度からなるべく寝ないようにします」

「授業もメディアだ、ですよね」

と、授業者になった西澤はじめ企画した三人とも、同じ実感を話した。ついでに西澤は、

「少し辛口に言うと、先生も授業のプロなんだから、もう少し授業方法を工夫されたらいかがでしょうか……」

などと口にした。「このやろう、人の気も知らないで……」と言いたいところだったが、それでも胸に染みてくるのは、送り手の経験を引きうけた者の言葉だからであろうか。

この実践で、彼らは「報道」を対象にしたメディア・リテラシーの授業をしながら、「授業というメディア」のリテラシーを獲得していたわけだ。この体験が、彼らにとってメディアという言葉の意味をぐっと広げる結果になった。情報を伝達する媒体として、会話もデパートの買い物袋も自分が着ている服もメディアだと、自信をもって言うことができるようになった。

そんなところに、授業を受けた生徒の保護者から「とてもためになると子どもから聞いたので、母親大会で授業をしてくれないでしょうか」という出張授業の依頼も舞い込んで、期せずしてこの授業は回数を重ねることになっていった。このメディア・リテラシーの授業に大きな可能性が見えてきた。

学校教育がもつ構造は、「テレビ」とその情報を受ける「視聴者」の関係にひじょうによく似ている。報道関係者の取材のときにも感じられたことだが、彼らの感想にふれて、情報の送り手としての私たち教育関係者が気づかなければならない要素がここにあると痛感した。学校教育（授業）は生徒だれもが受ける。しかし、授業を「受ける」ことと、授業で「教える」ことのあいだには、これほど大きなギャップがある。私は、メディア・リテラシーの対象に「授業」という双方向メディアも入り、この営みが教育自体を変えていくダイナミズムをもっていると強く思った。学校を開いていく実践や授業改善に必要な視点だと。

三……「受け手と送り手」再考

部員の意欲も高まり、彼らは、苦闘したこの実践を研究発表「放送部とメディア・リテラシー」にまとめ、この年の第四十五回NHK杯全国高校放送コンテストの研究発表部門で公開することにした。まとめることで実践のもつ可能性を整理し、広報していくことが目的だった。

取り組みの研究発表をNHK杯で

この年もっとも力を入れて制作していたビデオ作品は、「生徒会が関わりながら入学式を変えていく実践」と「小動物を集めた動物園の四季」を追ったもので、とくに後者は、動物と飼育員の皆さん、来園者との温かな交流を追った長期取材になっていた。

ポニーの出産があるというので、出産の瞬間に立ち会おうと意気込んではいたのだが、なんとも、ポニーの出産は牛や馬に比べるととても軽く、管理をしている飼育員の皆さんも立ち会ったことがないと聞いていた。一か月間、部員はかわるがわる管理宿舎に寝泊まりしながら、出産の瞬間をとらえようと待っていた。といっても、相手が動物なだけに思ったように取材は進まず、苦戦した。コンテストはねらって結果がでるわけではないが、部員たちはやはり決勝には残りたいと強く思っていた。

またこの年は、ＮＨＫのコンテスト関連番組のために「ビデオ作品のメイキング」の取材もおこなわれていて、ＮＨＫ学校放送クルーがこのポニー取材を追っていた。

そして迎えた恒例のＮＨＫ杯全国高校放送コンテスト。決勝大会には、まえに書いたように一部門につき四作品が残る。研究発表と番組の計五部門のうち、四部門に美須々ヶ丘高校は残った。長野県勢では、松商学園も同じ作品数が残り、さらにそこに大町北高校、須坂高校、長野清泉女学院高校が絡んで、四部門で決勝四作品中、三作品が長野県勢という発表になった。

「東京まできて、長野県大会をやらないでほしいよね」。会場では、そんな会話がそこここで聞かれた。朗読・アナウンスに関しては、長崎県勢が多く残っていて、長野&長崎大会の様相だった。

しかし、結果、すべての部門で長野県勢は優勝を逃す。


第四十五回ＮＨＫ杯高校放送コンテスト全国大会の結果（一部）

テレビ番組第Ⅰ部門	「私たちには伝えたいことがある」	準優勝
研究発表部門	「放送部とメディア・リテラシー」	準優勝
テレビ番組第Ⅱ部門	「ＺＯＯ《ズー》といっしょ」	三位
創作テレビドラマ部門	「先輩」	三位
ラジオ番組第Ⅰ部門	「赤・青・紫ジャ」	三位
ラジオ番組第Ⅱ部門	「ＮＡＧＡＮＯが長野に戻った日」	入選
創作ラジオドラマ部門	「國」	入選

とはいえ、動物園を追った「ZOO《ズー》といっしょ」もなんとか決勝には残ったのでほっとした。西澤ほかの授業実践報告をふくめてまとめた「放送部とメディア・リテラシー」と題した研究発表も、結果は準優勝だった。

しかし、この研究発表にはちょっとしたドラマがあった。

言いたいことを言うために失格を覚悟して

研究発表の責任者・安田恵子はそのときのことを文章にまとめた。抜粋して紹介したい。

●失格になっても事実を伝えたい

安田恵子

私は三年間放送部に所属してきた。入部した日から毎日十時にもおよぶ活動、今日まで私には、休日はない。走り続けた高校生活は輝いていた。そのなかでいちばん輝いていた瞬間を選ぶなら、第四十五回NHK杯全国高校放送コンテスト決勝、NHKホールの舞台の上だ。

今年の決勝には、四部門に私たちの作品が残っていた。私が担当した研究発表部門もそのなかのひとつだった。

研究発表部門は、放送部の活動における研究と成果を、スライドとOHPで発表する部門だ。私たちは「放送部とメディア・リテラシー」と題し、四年間にわたり松本サリン事件のテレビ報道について追ってきた実践を用意した。発表の内容は、なぜ、第一発見者の河野義行さんが犯人のようにあつかわれたのか、長野県内すべてのテレビ局に取材して二十分のビデオ番組を制作、プロ・アマを問わない国際大会でグランプリを受賞。その取材で、メディアは完全ではなく、特徴と特性をもっていること、変わりたくても変われずに苦しんでいること、視聴者が情報を判断する能力（メディア・リテラシー）を身につけなければならないことを感じ、社会科の先生方の協力で、放送部員がメディア・リテラシーの授業を展開して成果をあげたというものだった。

　私たちの発表は、県大会の非公開審査を突破し、七月二十一日の全国大会準決勝も勝ち進み、念願の決勝進出。ＮＨＫホールで三千人の観客をまえに発表する機会を得た。

　しかし、私たちの挑戦はそこで終わらなかった。メンバーのなかから「決勝ではいままで発表していない事実も言いたい」という提案があった。私たちは、グランプリ受賞をきっかけに、制作したビデオをカットなしに電波にのせることをめざしていたし、その企画も上がっていた。ところが、取材した局から「放送してほしくない」という要請があり、企画は実現できなかった。その結果、私たちには上映会や授業でしか作品を公開する方法がなくなった。この事実を局の名前入りで公表すれば、審査に影響があるかもしれないと、ずっと伏せていたのだ。

　正直、私は迷った。その時点から台本とＯＨＰを直して、二十四日の決勝に間にあうのか。ただでさえ制限時間いっぱいなのに、さらに付け加えて時間内に収まるのか。発表のための練習の時間もなく、失敗しないだろうか。審査に影響はないのだろうか。優勝をねらうなら、絶対に変更しないほうが利口だとも思った。

しかし、私は変更するほうを選んだ。ほかのメンバーも同じだった。「失格覚悟で望む」、そう決めたら「言いたいことを言える」すがすがしさがあった。

決勝までの二日間はつらかった。OHPの材料を秋葉原で買いそろえた。狭いホテルの部屋にメンバー八人が集まり、夜中の二時まで作業を続けた。ナレーターは赤いマジックで変更した解読困難な台本を必死に練習し、OHPとスライド担当者は、タイミングを何度も合わせた。本番当日のお昼になっても、NHKホールのロビーでOHP制作と練習は続き、他校の生徒が不思議がってのぞいていた。

決勝。NHKホールのライトは眩しかった。みんな落ち着いていた。そして輝いていた。結果は準優勝。もう賞なんかどうでもよかった。私たちは、作品の公開にクレームをつけた局を批判したかったのではない。テレビメディアが自分たちの弱さを公にできない限界を、多くの人に知ってほしかった。「私たちが言わなければ」という思いが私たちの原動力だった。

私は将来、先生になり、メディア・リテラシーの教育に取り組みたい。これからの社会には情報があふれる。報道被害がくり返される危険性、そして子どもたちが情報に振りまわされて自分を失ってしまう危険性などが高まっている。そのために情報を批判的にみるメディア・リテラシーが必要なのだ。私があのとき抱いた「私たちが言わなければ」という思いは、これからも私を動かし、輝かせる原動力となる。

文化祭で一般の人を対象に公開授業

この年の夏は忙しくなった。「放送部とメディア・リテラシー」は、父母百五十人を対象にしたPTA研修会での公開授業や、文化祭を利用した一般市民対象の公開授業へと発展する。八月二十七日の文化祭一般公開の授業には、たくさんのマスメディアが入ることになった。まず、夏休み中に、東海テレビから連絡があった。メディア・リテラシーの番組制作の途中、全国から授業実践を集めるためにインターネットで検索してみたところ、私たちの研究発表の題名がヒットしたとのことだった。

「ちょうど文化祭で公開授業をおこなうから、それを取材されたらどうか」とすすめると、さっそくクルーをつれて二日間取材に来るとの答えだった。そのほか、NHK「教育トゥデイ」でもメディア・リテラシーについてあつかう予定があり、コンテスト作品のメイキングで取材に来ていた学校放送の鈴木知子ディレクターや、ストレート・ニュースとしても、地元のテレビ局と新聞社三社ほどが取材に入ることになった。

この年の文化祭は雨にたたられた。学校を外に開くことを大きな柱とし、高校生のメッセージを「叫び」として伝えるコンセプトだったのに、一般公開の二日間は雨、来校者は例年に比べて格段に少なかった。公開授業もその影響を受け、土曜日のようすが新聞で紹介されたにもかかわらず、日曜日の参加者は百人の会場の半分に満たなかった。私は、人集めのために校内をまわった。西澤チームの最後の実践を気持ちよく終わらせてやりたかった。

満席とはいかなかったが、なんとか公開授業をやりとげ、テレビのクルーも引きあげていった。一般公開も終了し、後夜祭が始まるときになって、さいわいなことに雨がやんだ。後夜祭のファイヤーストームの点火に弓道部の川村が放った火炎矢は、垂直に夕暮れの空高く上った。矢は千個の段ボールでつくった全校制作物「叫びのピラミッド」に吸い込まれていった。雨でしめった段ボールのため一瞬、火は消えたように見えた。しかし、ほどなく大きな火柱になって、ファイヤーストームの火は燃えあがった。

一九九八年、第五十回文化祭「双蝶祭」の幕は閉じた。

伝えれば伝えるほど拡大するギャップ

これまでも、放送部員は懸賞論文に挑戦し応募してきた。生徒は、放送部の活動をベースに大学を受験する。文章に自分たちの活動を集約していくことが、自分の到達点を確認し、つぎのステップへと成長するうえでも重要だと考えていた。やりっぱなしは、どんなにすばらしい実践でも単発で終わる。文章化することで実践を下敷きにした展開が生まれ、息の長い実践として引き継がれていく。これまでもやってきたことだが、少し拡大して各種論文審査への応募を増やすことにした。先ほど紹介した安田恵子の論文は、産能大学「高校生輝きコンクール」にだしたものだ。放送部員は積極的に取り組んだ。

このような論文への挑戦や、放送部の生徒がおこなうメディア・リテラシーの授業などは、放送部の活動としたら多角的で、反響もあり刺激的だった。「地元新聞に初めてメディア・リテラシーという言葉を掲載させた」などと言われれば、時代をつくっている感覚や手応えもあった。

しかし、やればやるほど、このメディア・リテラシーの実践が行きづまっていった。どんなに具体的にテレビメディアやテレビ報道の特性を伝えても、授業を受けた人や上映会で感想を残してくれる人は、「テレビは怖いですね」「これからはだまされないように見たいです」と語るのだ。

たとえば、「記者の忙しさ」を一日の取材件数で示すと、「そんな忙しい取材をしているから、誤報が生まれるんだね」「表面的な取材だから、伝わらないニュースになる」という反応になってしまう。記者数を示すと、「そんな人数で正しい報道などできるはずがない」という言葉もでてくる。特性として示すデータをいくら具体的にしても、劣悪な労働条件へのねぎらいは生まれず、自分たちが思い描いてきたテレビニュースのイメージと制作現場とのギャップは、かえって怒りを呼ぶことが多かった。

私たちは、そんなことを伝えようとしていたわけではない。部員も私も「一方的な批判は何も変えない」ということに気づき、コミュニケーション・ツールとしてテレビを使うために「メディアの特性」を伝えているのに、授業を受ける人はどうしても、マスメディアを批判する方向へ行ってしまう。

この授業では、記者の仕事に対して「人間的な共感」を生みだすことができない。私たちが考えているよりも、情報の送り手と受け手のあいだにあるギャップは大きいのではないか。それは、受け手がたんにマスメディアの特性を学習するという方法では、超えることができないのかもしれない。「情報を送る」ということはどういうことか、一般の受け手は、送り手やメディアの仕組みや

「送りだす過程」をあまりに知らない。イメージを膨らませ理解するには、「伝え、伝えられる」実際の体験や、擬似体験の要素が少なすぎるのかもしれない。そう考えた。

受け手にとって送り手はあまりに遠く、実際の姿がよく見えない存在であり、想像がつかないほど大きい送り手（マスメディア）と、小さな受け手（個々のオーディエンス）という構造のなかでは、メディア・リテラシーという考え方が、送り手／マスメディアを攻撃するための市民の「道具」になってしまう。つまり、メディア・リテラシーが、マスメディアを市民の敵にしてしまう。

「このままの状況では、かえって受け手と送り手のギャップを広げるだけではないか」――この問題を解決するには、単純に授業やプレゼンテーションの方法を変えればいいというわけではなく、放送部自体の考え方の根本を再考しなければならないという課題が残された。

受け手と送り手が融合する仕掛けを探る

松本サリン事件の報道について取材を始めて、ここまで約四年がたった。この間に、さまざまな経験をしながら到達したことは、マスメディアと受け手との関係では「一方的な批判は何も状況を変えず」、反対に「批判することが送り手（マスメディア）を閉ざしてしまう」という現象だった。そして、メディア・リテラシーの活動を展開しても、「受け手だけのメディア・リテラシーには限界がある」という見解にも達した。

私たちの活動は松本サリン事件の誤報を検証する活動から始まった取り組みであり、テレビ報道に関して、情報の送り手に問題や責任、構造的な改善点があることはわかっていた。しかし、受け手が送り手を一方的に批判することで、批判されることに慣れていないマスメディアは、批判に背を向けて、システム自体を受け手から遮断してしまう。これでは現状は何も変わらないし、送り手と受け手の関係性も変わらない。それでは、松本サリン事件と同じような問題が、またくり返されるだけではないか。この構造自体に揺さぶりをかけられるような実践はないのか。私は悩みはじめていた。

私はずっと、「受け手の立場のメディア・リテラシー」と「送り手の立場のメディア・リテラシー」の二つが存在しているように考えていた。もしかしたら、受け手と送り手を分けて考えていくこと自体に問題があるのかもしれない。メディア・リテラシーの対象をマスメディアにすると、その大きさや影響力ゆえ、責任や倫理の問題に焦点が絞られ、コミュニケーション・ツールとしての特性に目がいかなくなる。これを、放送部員がおこなっている校内放送に置きかえたらどうか。

放送部を理解してもらうには、部員でない生徒が昼の定時放送に出演したり、文化祭で催し物をおこなうときにイベントのスタッフに参加してもらったりすることで、一気に理解が進む。芸術鑑賞などでも、演技者や演奏家がひたむきにステージに取り組む姿や、そのステージに達するまでの過程にふれたときに、まったく異なった関係が受け手と送り手のあいだに起こる。それを、テレビと視聴者の関係に置きかえていく仕掛けはないだろうか。また、送り手のシステムの情報公開を、受け手と送り手が協働して取り組むような実践はできないものか。そう考えるようになっていった。それが、つぎの実践の「発想の種」になっていく。

四……「記者の一日」授業づくり

東海テレビが制作した「二〇〇〇年のテレビキッズ」など、メディア・リテラシーに関する海外や国内の先進的な事例を紹介する番組も、放送されるようになった。西澤チームがおこなった「高度情報化社会とメディア・リテラシー」の授業実践も先進的な取り組み例として番組内で紹介され、テレビ朝日の自社制作検証番組「はーい、テレビ朝日です」へ出演もした。それぞれ興味深い番組だったし、メディア・リテラシーを研究している研究者にも会え、広がりは感じられた。しかし、これらの番組は、あくまで送り手の立場からのメディア・リテラシーであり、送り手と視聴者とのギャップを埋めるには、まだ何か仕掛けが足りないと感じていた。

記者の一日を密着取材して、授業をつくろう

松本美須々ヶ丘高校や放送部がユニークな実践を発信することから、書道室や研究室は記者やディレクターが頻繁に顔をだす場にもなり、それにともなって、同じ制作者ということもあるだろうか、部員はマスメディアの送り手たちとも親しく話をするようになった。また、中南信のローカル紙、長野日報の砂川記者は放送部の実践を紹介する「もう一つの学校」と題した十五回の連載を始めていた。その取材のため、放課後になると私の隣の机に拠点を置いて、ずっと放送部の活動を観

察していた。

　このような状況のなかで部員たちは、「いくらいい番組を取材し制作しても、それを視聴者が見てくれない」という、送り手側のぐちや不満を耳にするようになる。

　とくに地方局は、日々の放送で手一杯であるにもかかわらず、特別番組に血のにじむような取り組みをしている。しかし、「こんなに苦労して特番を組んでも、思うように視聴率が伸びない」というあきらめにも似た言葉や制作者の悩みは、一般視聴者にはなかなか届かない。制作過程の情報は視聴者とまったく共有されずに、「番組という結果」ばかりが消費されているにすぎないのだ。

　私は、前回の授業の行きづまりとともに、この悩みをうまくメディア・リテラシーの授業に結びつけられないか考えていた。マスメディア関係者が自分たちの制作の手順や方法、それに伝えるための悩みを、生徒たちのまえで種あかししていく。それに対して高校生が応答する。送り手は直接フィードバックされた反応を、自分たちの制作にいかしていく。そんなメディア・リテラシーの授業ができないだろうかと考えていた。これなら、双方にメリットがある。

　引退した西澤からこの実践を引き継いだ、齋藤由果と有井あきに投げかけてみた。彼女たちは『高校生、ニュースづくりに密着』というところですか。おもしろそうですね」と乗り気だった。前回の授業から連続して展開するのであれば、「テレビニュースのつくられ方」を教材にするのが妥当だと、私も思った。同時に、新聞メディアとテレビメディア双方に密着し、ニュースが制作されていく過程を比較することもおもしろそうだった。しかし、危機管理の観点から報道フロアーに部外者を入れない局もあるなかで、はたして一日密着取材など許可できるのか。

とりあえず、中日新聞松本支局と、日テレ系列で映像ニュースを放送している読売新聞ニュース（東京の読売新聞社）に打診をしてみた。中日新聞からは快く了解をいただき、読売新聞からも内諾がとれた。「考えているほど敷居は高くないのかもしれない。それとも、この企画の意味が理解されていないのかもしれない」。さすがに東京まで取材に行くには三日を覚悟しなくてはならず、二件の反応に勇気づけられた私は、テレビ信州の倉田報道部長に構想を相談した。

一本のニュースができるまでを、取材・編集・放送と順を追って視聴者の視点で説明していく方式にしたいこと、事件・事故のネタではなく、視聴者に身近な話題を取りあげ、放送局も試行錯誤しているようすを伝える授業にしたいという意図を伝えた。倉田報道部長は、私たちの意図には賛同できるが、少し時間がほしいとのことだった。

こうして「記者の一日――メディア・リテラシーの授業パート2」は動きだした。

もめる職員会、「超法規的に……」

年が明けて九九年一月五日、倉田報道部長から「記者の一日」の取材承諾の電話があった。取材できる日は一月十四日ということだったが、学校サイドとすれば急な日程でもあり、困ったことに、テストまえで生徒の公欠が難しそうだった。「時期が悪い」。内心そう思ったが、テレビ局の体制を考えると、このチャンスを生かさなければ、企画の実現は四月以降になってしまう。無理は承知で職員会に取材計画を提案した。

しかし案の定、職員会では「前例がない。学校のスケジュールを無視しすぎだ」などの批判意見が続出、リベラルで放送部の活動の理解者である野口校長も「今回は学校長としても許可できない」と言う。このような反応は予想されていた。私が反対の立場でも同じことを言っただろう。しかし、せっかくテレビ信州が了解してくれたことでもあり、私は覚悟をもって最終手段に訴えた。

「皆さん、そうおっしゃることは当然だと思います。ですので、一日のことですから生徒は欠席あつかい、私は年休で取材に行きたいと思います」

これには、さすがに反対していた職員も、そこまで言うのだったらと反論はなかった。

「この議題は、職員会では議論しなかったことにしましょう。審議すれば結論はみえています。顧問は年休で、生徒は欠席で行くのであれば、学校の問題ではありません」

この意見で、全体は了解した。言葉は悪いが、知っていても無視する「超法規的あつかい」の取材だった。今回の企画はおそらく日本では初めてのことで、前例がないのは当たりまえだった。初めてのことをおこなうには当然ついてくる産みの苦しみでもある。事前に「最悪、欠席で参加の可能性あり」と伝えてあった部員の保護者も応援してくれていた。取材ができるだけで十分だった。

授業第二弾は「テレビ記者の一日」というタイトルに決めた。取材は一月十三日の二十時から十四日の二十二時まで、「魚市場の生活情報」を取材する記者に二台のカメラで密着し、ニュースの取材・編集・送りだし、そして反省会までカメラに収めることになった。「個人のプライバシーに関わること以外」はすべて取材可能、かつ「局内のだれに何を聞いてもいい」という条件は、高校生にはもちろん、局内の人たち双方にとって刺激的なことだった。局としてこの決断は先進的だったといえる。

プロの取材スタッフにはロケ弁なし？

取材を担当するのは、二年生で新部長となった徳武真人、有井あき、齋藤由果、それに卒業間近な三年生の上條聖がもう一台のカメラで応援についた。十三日の午後八時、倉田報道部長らにあいさつし、一日取材の対象となる松澤みつえ記者との顔合わせから、取材は始まった。松澤記者は、総合職で採用されたあと、事務系の営業をへて志願して報道に移り、生活情報を中心に取材活動をおこなっていた。話を聞くうちに、自宅が松本美須々ヶ丘高校から歩いて数分のところだとわかり、生徒たちはとても親近感をもった。

翌早朝からおこなう市場取材の準備などを、夜十時ごろまで打ちあわせてホテルに引き返す。それから十二時過ぎまで、明日のカメラ割りや取材計画を確認して床に。翌朝四時起床、四時四十分ちょうど、雪も降ってきて天気は最悪。私たちはテレビ信州放送センターのまえで、震えながら松澤記者を待った。

今日のテーマは、「ニシンの初物情報」。市場に入ってくるニシンの取材からその美味しい食べ方、ニシンの食効用などまでを、五分間のコーナーで伝える番組だった。松澤記者にはワイヤレス・マイクをつけてもらい、動きまわる取材のすべてを追った。午前七時、ひととおり市場の取材を終え、クルーは局に向かい、局近くのコンビニの駐車場に車を入れた。あとから追っていた私たちの車で、「えー？」という声があがった。生徒たちの驚きの声だ。彼らはあわててカメラを回しはじめた。自分たちが出演したスタジオ収録や局の取材などでは、当然のように弁当が支給される。

「こんな早朝取材なのだから、スタッフには当然、お弁当が用意されているんじゃないの？」

自分たちも、もしかしたら局の用意した弁当が食べられるかもしれないと、甘いことを考えていたのか。生徒の声は複雑なトーンだった。局に帰って、松澤記者やカメラを担当する映像センターの皆さんにそのことをたずねると、大笑いされてしまった。

「放送局の職員がいちばんコンビニを使っているんじゃないかな」

これもまた、取材した生徒には意外な発見だった。

「ぼくたちと一緒ですね」。徳武がぽろりと独りごとを言った。

テレビ局も放送部も同じ手順を追っている

午前中は、局内の食堂の板前さんが調理するニシン料理の収録と、ニシンについての基礎情報の確認などで過ぎ、午後はほとんどがＶＴＲの編集にあてられた。

午後五時、キャスター役の奥様レポーターとの打ちあわせが始まり、午後六時、いよいよニュースの本番が始まった。

ニュース本番では松澤記者がスタジオに入り、タイムキーパーとして自分のニュースの指揮をとった。そして午後七時、ニュース終了。

続いて一日の反省会が倉田報道部長の司会でおこなわれ、一つひとつのニュースの取材方法や編集方法、伝え方にいたるまで、細かな反省を四十分間ほどおこなっていた。反省会に続いて、明日のニュースの構成会議が断続的におこなわれていた。毎日、こんなに時間に追われながら送りだし

ているのか。わかってはいたものの、私はため息をついた。取材に参加した徳武は、

「放送局も、私たち放送部と同じ方法を使って、情報を送りだしているんですね」

と、帰りの車でしみじみ言った。有井も首をかしげた。

「なぜ、この感覚が画面を通じて伝わってこないんですかね。不思議ですね」

おそらくこれが、一般的な視聴者の実感だろう。いままで、情報の加工や取材方法について、テレビ報道はまったく伝えてこなかった。その結果、人間ではなく、平面のモニターという機械が情報を伝えているような錯覚を視聴者に与えてしまう。「人間が取材して伝える」。このわかりきったことが、画面を通じて伝わるようになったとき、新しいテレビと視聴者の関係が始まるはずだ。


生徒たちは、この実感と「人間が伝える情報、人間が受信する情報」をキーワードに、取材の翌日から授業の構成を始めた。

この企画は、九九年四月に放送されるNHK「教育トゥデイ」で紹介されることになっていた。担当は、先の放送コンテストのメイキング番組でも取材を受けた、鈴木知子ディレクターだった。授業の制作過程はこうなる。民放の放送局を高校放送部が取材し、その取材のようすを他の放送局(NHK)が取材する。そして、そのようすを私たち放送部がさらに作品化していく。ひじょうに複雑で、おかしな企画として進行することになった。

しかし、この関係自体、この企画でねらった図式でもあった。テレビメディアがほかのテレビメディアを取材することは、タブーとなっている。その壁を、メディア・リテラシーをテーマとする番組で、かつ高校生の活動を追う企画であるからこそ、一部分でも打ち破りたいと考えていた。

批判病――ニュースに「演出」はご法度か

授業チームは、記者の人間くささに焦点をあてたビデオ編集を始めた。早朝の取材で、コンビニで朝食をすませるスタッフ。記者と編集担当のやりとり、放送開始とともに緊迫する局内。放送中に入ってくる新しいニュース。映画のなかで描かれるようなステレオタイプの放送局ではない、制作スタッフの体温が伝わる編集を心がけて、ビデオは比較的早く完成した。そしてNHKの取材クルーが見守るなか、授業チームは授業の構成に入った。しかし、ニュースにおける「演出」の問題がすっきり説明できずに、授業の構成づくりの作業が頓挫してしまう。

今回の生活情報は、取材する「記者」と、あたかも自分が見てきたように伝える「奥様レポーター」で役割分担されていて、その仕組みを、取材した部員が納得できなかったからだ。

齋藤は、そんな自分自身をこう言った。

「私はメディア批判病にかかっていると思うんですよ。でも、なんか許せないんですよね」

そう自己分析しながら、どうしてもそこから抜けだすことができないでいた。頭でわかっていても、からだがいうことをきかないという状態だ。すとんと胸に落ちずにもがいていた。

メディアを使う放送部という集団で活動し、そこで協働してメディア・リテラシーを学んでいても、この「批判病」にはかかってしまう。それまで私たちが、ニュースは客観的に報道しているもの、正しいことしか報道しないものと、どれほど深く刷り込まれてきたかがわかる。彼らはメディア・リテラシーをかじることで「ニュースの構成・演出はダメ」という呪文にでもかかったように、

「抜きだすこと」「切りとること」に難色を示すようになっていた。

そんな生徒にアドバイスしてくれたのが、取材中のカメラマン金子博志さん、和田正志さんであり、ディレクターの鈴木さんだった。そのときのようすを齋藤は、こうふり返る。

「私たちはニュースが演出されていることに疑問をもち、それにとらわれてしまい、テレビ局に対する批判意識でかたまってしまった。そのとき、この授業を取材し、構成のようすを見ていたNHKの鈴木さんやカメラマンの金子さんが『放送部は演出しないの？』と質問してくれた。私は『はっ』とした。私たちのどこかに『テレビ局と自分たちは違う』という意識があったのだ。金子さんのひとことで、私たちの意識は一変した。放送局も私たちも『同じメディアを使っている』。実感としてこの視点に立てるようになるまで、時間がかかった。毎日校内に放送を送りだし、年間百本を超える作品を制作している私たちでさえ、この感覚を得ることは難しいことだ。それならば一般の人たちにとっては、さらに難しい。メディア・リテラシーの難しさをあらためて感じた」

しかし、この壁は、マスメディアに対するリテラシーを学習する過程で、だれもがかかる麻疹みたいなものだ。集団として学習し深化していっても、やはり個人が深化のステップを一段ずつ踏み越えながら実感を得ないかぎり、理解できない。そこに、メディア・リテラシーのカリキュラムの難しさがあるかもしれない。

テレビ人には青い血が流れている？

テレビ局も放送部と同じ表現方法を使っている。業務用の大きなカメラと小さなカメラの違いはある。しかし、事象をレンズをとおして切りとり、ビデオテープに磁気的に記録していくことは、なんら変わらない。やっている仕事の手順や方法も大筋では変わらないのに、「テレビ局の人は自分たちとどこか違う」という固定観念は、「アイドルはトイレに行かないかも」と思ってしまう構造と似ている。

私は局の人に、生徒や一般市民は「放送局の人には青い血が流れている」と思っているかもしれませんよ、と話すことがある。特殊な人種、特殊な仕事、特殊なルール。この「テレビ局は特別」というイメージを送り手から崩さないと、受け手と送り手のギャップを埋めるのは難しい。放送局の人にとってみれば、「私も赤い血が流れている、人間だ」と言いたいだろう。しかし、理屈と感覚の差は大きく、双方が努力しなくてはこの溝は簡単に埋まらない。この感覚が「情報の鵜呑み」につながり、また反対に「マスメディア・アレルギー」も引き起こす。

授業を担当する徳武たちは、行きつ戻りつしながらも、つぎのような結論を導きだしていく。「メディアを通じた情報は選択・構成されたもの。しかし、私たちはメディアから発せられた切りとられた情報からしか、さまざまなことを知ることができない」。そして、「人間が伝え、人間が受けとる情報」という落としどころで授業を展開しようと決める。

アドバイスを受けてすっきりした彼らは、NHKのカメラマンの二人を相手に、模擬授業を開始した。双方とも「いい感じ」で楽しみながら、発問の仕方や、生徒の指名の方法などを予行演習し、本番の授業に臨んだ。

五……関係性のメディア・リテラシー

授業は、数回の模擬授業をへて試行錯誤のすえ、つぎのような構成にまとまっていった。「ニュースは、よりわかりやすく伝えるために演出されている」というところに焦点をあて、教室の生徒に議論が起こるように進める。そこで時間をとって、ディスカッションをおこなう。

構成の順番は、つぎのように決まった。

第一章――ニュースづくりの過程を、取材・編集・送りだしの三つのVTRでまとめていく

第二章――「ニュースに『演出』は必要か」をテーマにディスカッションを仕組む

第三章――表現することには「演出」が不可欠であることを実感する

第四章――取材するのも送りだすのも、「人間がおこなっていること」である……まとめ

第五章――現場記者によるニュースの現場についての短いレクチャー

授業はテレビ局の人をゲストに迎えて

本番の授業が始まった。

早朝暗いうちから始まる取材、市場のロケ風景、放送局内の食堂で調理されるニシン、編集のようすや奥様レポーターの登場など、ビデオで制作過程が示され、その過程のポイントを、授業を受

ける生徒はワークシートに記述していく。齋藤が生徒に感想を聞きながら、ディスカッションに入っていった。

徳武が予測したとおり、「演出によって情報があやふやになっている」「どうして取材した記者が伝えないのか」など、ディスカッションの最初は、生徒の批判的な意見が大半を占めた。「テレビは怖い」とか「だまされたくない」という声まででた。徳武は待ってましたとばかりに、「そうだよなー」と大きく相づちを打つ。しかし、「どうして演出するのか」その理由を問うと、生徒たちからは「演出は情報をわかりやすく伝える工夫だ」と、授業者が期待しているであろう意見がでて、教室全体もその方向にいったんは傾くが、教室の雰囲気は「なんか放送局にだまされているかも」という、どよんとした空気が支配していた。

これが、「頭ではわかっているが、からだは拒否している」状態だ。この感覚がくせもので、ここを超えないと、前回の授業の結果とあまり変わらなくなってしまう。知識としていくら送り手の構造を知っていても、その先に進めない。

そこで徳武が「それでは、実際に制作をした松澤記者に、実際のところを聞いてみましょう」と、松澤みつえさんを教壇に登場させた。

「この生活情報コーナーは、どのように伝えたらいいか試行錯誤をくり返していて、奥様レポーターが伝えるのがいいのか、私が伝えるのがいいのか、悩んでいます」と、彼女は率直なコメントを述べた。

これがよかった。ニュース現場の悩みが、当事者の本音として生徒に伝わっていった。現場の記者のこの言葉によって、教室の雰囲気が柔らかくなっていくのがわかった。このきっかけは、証言集制作のとき、放送部員が若い現場記者を取材し、彼らの痛みに共感した構造と同じだった。悩んでいる姿こそ人間くさい。その感覚を共有したときに、つながるものがある。

続いて、報道部長の倉田さんも「私がナマ倉田です」と自己紹介し、笑いを誘いながら報道の難しさを話した。この二人の登場で、いままで奥様レポーターの演出に批判的だった生徒たちの「なんかだまされているかも」という感覚が、一気に変わっていくのがわかった。体温を感じる距離とは、よく言ったものだ。二人が発した言葉だけの情報なら、授業者が伝えることも可能だ。しかし、授業者が伝えた二次情報では、これほど劇的な変化は起こらない。

この授業後、もっとも多かった生徒の感想は「局の話を直接聞けて、テレビ局が身近に感じられた」という内容だった。生徒たちも記者とじかに接することで、テレビ局とのあいだにある意識の壁、「青い血が流れている放送局の人」というイメージを少しとり払うことができ、「同じ人間」として放送局の人たちを受け入れたのだと思う。マスメディアに対するリテラシーの第一段階として、「話ができる関係」をつくることが重要だった。またテレビ信州側も「受け手の意見を直接聞けるいい機会になった。この授業をおこなうために局の内部を公開して、得たものはあっても失ったものはない」と、企画の意義をふり返った。結局、おたがいを理解するには、顔と顔を突きあわせたコミュニケーションの手段がいちばん適しているのか。

皮肉なようだが、テレビという単方向のメディアを利用したのではなく、伝える相手は少数でも、「授業」という双方向のメディアに、テレビ局と放送部がともに取り組み、そこに突破口を見つけたことが、双方にとって大きな成果だった。

受け手と送り手がリアルタイムで作用しあう関係

目のまわるような授業終了後、テレビ信州、NHK取材クルー、放送部員が集まり、今回の授業の反省会をもった。「放送部の生徒がおこなうメディア・リテラシーの授業」という円卓を囲んだ三つの立場の人たちが、おたがいに同じ高さの目線で話しあいをする。私が望んできたひとつの理想の姿がそこにあった。反省会の最後に授業を担当した徳武真人が、この取り組みをまとめた。
「この授業は、二つのメディア(局)の皆さんと、私たち放送部の協働作業でつくったところに価値があるんですね」

このときの徳武は、とてもかっこよかった。「こいつ、わかってるじゃないか」と、くりくりの頭をなでてやりたかった。

私は、この徳武の言葉に、これからのテレビメディアと情報の受け手の関係を示す大切なキーワードが隠れていると思う。メディア・リテラシーの学習では、情報の受け手だけ、送り手だけの活動と学習には限界がある。とくに、受け手だけでは突破できないハードルがある。メディアを使う力に大人と子どもほどの力の開きがあるマスメディアに対するリテラシー獲得には、メディア側の情報公開が不可欠である。送り手側が積極的にその手法を公開し、受け手に理解を求めなければ、この溝はなかなか埋まらない。送り手の理論を流し込むのではなく、ともに同じ高さの視点に立とうとする過程があってやっと、受け手は固定観念から解放されていく。

これからの情報化社会において、マスメディアが媒介するコミュニケーションを豊かにするために、送り手と受け手はイコール・パートナーとして対話を始めなければならない。同じ人間としてどのような苦労をし、悩み、情報を送りだしているのか。取材をふくめた手法を公開して伝えること。そして、局内の見学や番組に視聴者を参加させるだけでなく、マスメディアに関係する人たちが、積極的に学校現場や社会教育の現場に出向き、今回のような教育プログラムを展開することが必要だと思う。くり返すが、放送局の論理を押しつけるのではなく、「人間が送りだし、人間が受けとる」という、とても基礎的な感覚を回復するために、長い目で取り組む必要がある。

今回のメディア・リテラシーの授業をつくる実践では、教師が展開するのではなく「生徒が送り手となる授業」で展開したからこそ発見できたことがある。それは、授業というメディアが、「送り手と受け手のあいだのそれぞれの反応によって変化する」という、当たりまえのことを再認識させたということだ。

リアルタイムで、受け手の反応が、送り手の伝え方を変化させる。そこで生まれる伝える工夫が、受け手の反応をまた変えていく。また、得た課題はつぎの授業にも反映させることができ、「伝え、伝わる」という実感を確認しながら進めることができる。もちろん、授業というメディアを規定する要素はほかにもたくさんある。視聴覚機器の導入によっても変化するし、授業を展開する場所によっても変わる。しかし、ふだん体験している「授業」という仕組みを「メディアだ」と言えたときに、「メディア」という概念が突然、ベールを取りはらったように広がって見えてくる。メディア・リテラシーの実践について、「授業」自体が優れた教材になる可能性を示したといえる。

このような観点は、水越伸氏（メディア論）が述べるように、現在の教育を根本からとらえ直す漢方薬のような働きをするだろう。漢方薬は、身体の働きとつながりをあるべき関係に戻していく。同じように、教育や授業といった仕組みが発生してきた本来の意味を問いなおし、情報を送り受けとるという関係をあるべき姿に戻していくために、おそらくメディア・リテラシーの営みがその一助となるだろう。

この実践は一方で、ローカル放送を担当する地方局が抱える課題を示した。テレビの多チャンネル化、デジタル化が進むほど、地上波・地方局の存在価値が問われ、より地域と密着した局の経営が求められる。「密着」とは、送りだす番組を中心としたコンテンツだけではなく、その番組をどう見てもらうのかという取り組みもふくんである。視聴者との新しい関係を築く地方局の戦略のなかに、ぜひ「メディア・リテラシーに関する教育実践への参加」を位置づけてほしいと思う。

教育もマスメディアも、いままでの固定観念とどのように戦い、それを崩していけるかが問われている。

メディアが伝えるものは、構成された現実

この実践を取材していた送り手は、どのような感想をもったのだろうか。「教育トゥデイ」でこの実践を紹介したＮＨＫの鈴木ディレクターに、放送局の人間として、また美須々ヶ丘高校放送部を取材してきた経験から、感想を寄せてもらった。

●松本美須々ヶ丘高校放送部を取材して

NHK番組制作局ディレクター　鈴木知子

私が初めて松本美須々ヶ丘高校を訪れたのは一九九八年四月、NHK全国高校放送コンテスト関連番組の取材のためだった。この日は新入生歓迎会の日で、放送部は大活躍だった。やたら元気のいい司会進行役。機敏に動きまわってみんなの表情を追いかけるカメラマン。体育館の後ろに設置された調整卓では、三台のカメラが撮影した画面を、放送部員が手慣れたようすで切りかえながらVTRに収録していた。

高校生とは思えない技術力、なかなかやるなあというのが第一印象だった。

この年の八月に見学した文化祭では、放送部の生徒自身が教壇に立ってメディア・リテラシーの公開授業をする試みがおこなわれていた。

翌年の一月、その第二弾の授業をすると聞いた私は、今度は「教育トゥデイ」という番組で、ふたたび美須ヶ丘高校放送部を取材することになった。

〈演出は悪いこと?〉

美須々ヶ丘高校の放送部員たちは、第二弾の授業のために、地元テレビ局・テレビ信州の情報番組の記者を密着取材することになった。プロの記者の仕事ぶりを紹介するVTRを作成し、授業ではそれを見せながら、高校生同士でテレビの特性について考える計画だという。魚市場のようすを取材する民放の放送記者、そのようすを取材する放送部員、そのようすをまた取材するNHKの私……少々ややこしい関係がスタートした。

この取り組みは、授業本番だけでなく、事前に放送部の生徒同士で模擬授業をしたり、議論をしたり、授業案をつくりあげていく過程にこそ意味がある。これが顧問の林先生のねらいだった。私はこのねらいをうまく映像化できるよう、放送部の活動を撮影していた。

ところが、授業案ができあがっていくうちに、私は違和感を覚えはじめた。

部員たちの主張はこんな感じだ。

「テレビ局はたくさんの情報を取材しているのに、放送するのはごく一部。しかもそれは加工された情報で、真実ではなく、印象しか伝えていない。それに実際に現場を取材する記者とスタジオに出演して伝える人が別人だなんておかしい」

まるで真実を伝えないテレビ局にはだまされないようにしましょうといわんばかりの勢い。メディア・リテラシーなのだから、まずは批判しなければという姿勢が感じられた。

ちょっと待ってよ、と私は思った。放送部の生徒たちもテレビ局と同じように、短いVTRをつくるためにたくさんの取材テープを編集したり、ナレーターをたてたりしているではないか。それなのにプロの仕事となると、どうして急に否定的なとらえ方をするのか、すごく不思議に思った。普通の高校生ならともかく、日ごろからプロはだしの活動をしている生徒たちが、なんでそんなことを言うのだろう。

再構成や演出はすべてよくない、などといったら何も伝えることはできない。わかりやすくするための工夫を、テレビ局の恣意的な操作のように考えるのは変ではないか。メディアへの不信感がせっかくの授業のベースになるのは悲しいことだ。

私は、放送部の活動を客観的に撮影するつもりが、いつの間にか生徒たちに口をだし、巻き込まれていった。もしかしたらこれも林先生のねらいだったのかもしれない。

「そうか、演出って自分たちもやっているなあ」

生徒たちは次第に気がついていった。林先生によれば、この気づきこそがメディア批判病からつぎのステップにいくために重要だったという。

さらにこの取り組みで私が驚いたのは、林先生のこの言葉だ。

「テレビ局の人には青い血が流れていると普通の人は思っている。でもテレビ局の人もやっぱり人間なんだということを授業では伝えたい」

私は思わず言ってしまった。「人間だなんて、当たりまえじゃないですか！」

しかし、私にとってこの言葉は、テレビ局という巨大な組織のなかで、送り手の一人ひとりの姿がいかに視聴者に見えていないか、送り手と受け手の意識にギャップがあるか、ということに思いいたるひとつのきっかけになった。


〈授業の取材を終えて〉


メディア・リテラシーの授業を学校でおこなうには、さまざまな障害がある。林先生の取り組みをふり返ってみても、「テレビ局に高校生のカメラが入る」「高校生が高校生に授業をする」「テレビ局の人が授業づくりに関わる」など、一般の学校では困難なことが多い。

私が気がかりだったのは、放送部員ではない教室の高校一年生たち、つまり「授業の受け手」のこと。あれこれ準備をしたうえで実際に教壇に立った放送部員と比べ、授業を受けた生徒たちは少々おいてけぼりだったのではないか。この取り組みが、授業を受ける側にとってどんな教育的効果があったのか。それが私の番組「教育トゥデイ」の編集室での悩みだった。意識するにせよ、しないにせよ、だれもがあふれる情報のなかから何かを選び、自分なりの解釈でそれを組み立て、またそれかに伝えている。新聞やテレビだけでなく、校内放送も、授業も、電話も、手紙も、みんなコミュニケーションなのだ。何かを伝えるときは、受けとる相手のことを考えてみる。反対に、情報を受けとるときは、伝える人がどんな立場で、どういうふうに情報を組み立てようとしたかを考えてみることが大切だ。

教壇に立った放送部員と最後にそれを確認しあえたことが、私はとてもうれしかった。

そして私個人としては、不特定多数の受け手に情報を発信するテレビ局の人間として、自分が情報を選んで伝えていること、受け手とコミュニケーションすることに、日ごろからもっと意識的であらねばならないと思うようになった。それがこの授業の取材をとおして、私が学んだことだ。

メディア・リテラシーはコミュニケーションを豊かにする道具

私たちは「メディア・リテラシー」という言葉や考え方を初めから知っていて、実践を展開したわけでない。松本サリン事件のテレビ報道を追った証言集制作を起点とし、放送局と協働したメディア・リテラシーの授業へと、さまざまな反応を積み木のように組み合わせ、ときにはその反応に傷つき、立ちどまり、試行錯誤しながら進むべき道を見つけてきた。そんな不器用な展開をしてきたからこそ、「メディア」と「メディア・リテラシー」の輪郭を実践的にとらえられたのだと思う。

まえにも述べたように、メディア・リテラシーとは、メディアの送り手と受け手の関係に「共通する視点」を提供し、あるべき関係に戻していく営みのようなものではないかと思う。

私たちは、自分の身体を使ったコミュニケーションを中心としていたときは、使用しているメディアの構造や仕組みを体験的に理解し、メディアの特性をとらえることができた。しかし、社会がより速く、より多くの情報をあつかう環境に変化し、その要求によって新しいメディアが生まれ、それをあつかう専門家を誕生させるようになったとき、いままでの経験では補うことができない送り手と受け手の関係性が生じるようになった。

急速に発達した新しいメディアは、情報を送りだすことに特化した送り手と、受容することに特化した受け手を生みだし、そこではたがいの姿が見えなくなっていく。なおかつ個人は巨大化したメディアの部分しか担当せず、「何を、何のために、どのように」伝えているか、メディアの仕組みとして「表現の全体性」をとらえることが難しくなった。そうなると、受け手にとってメディアの送り手は「赤い血が流れている人間」から乖離《かいり》していき、その仕組みにも共感をいだくことができなくなる。

現代社会におけるこのような送り手と受け手の「不幸な関係」を、もう一度、体験的に理解できるメディアの送り手と受け手の関係に近づけ、回復していく回路を生みだすために、「メディア・リテラシー」が必要となる。放送部員たちが授業実践でたどり着いた「人間が伝え、人間が受けとる」というキーワードが、それを端的に示している。メディア・リテラシーは、現代社会のコミュニケーションのバランスを保ち、豊かにするための必須アイテムだろう。

●メディアの送り手と受け手

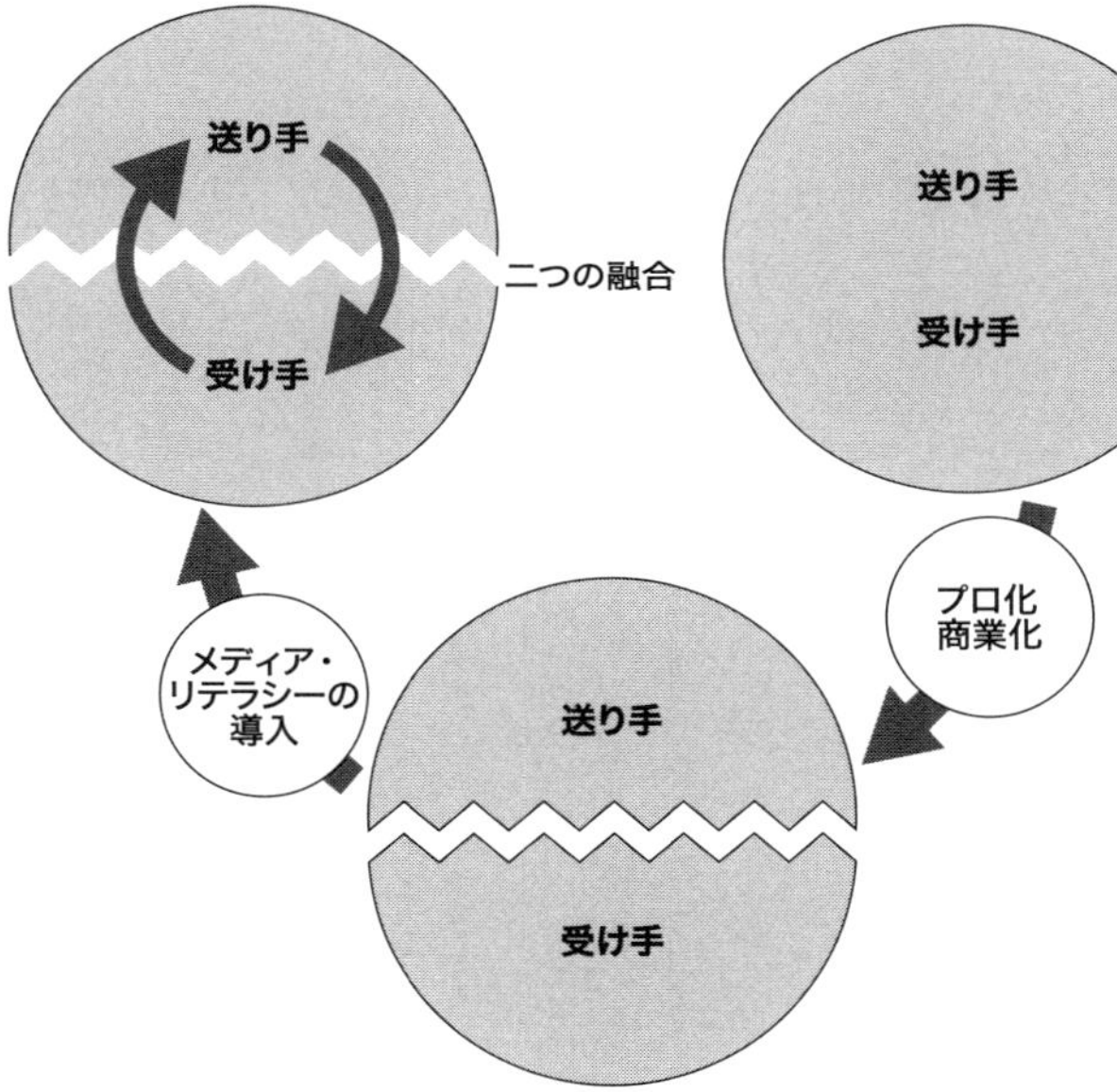

私にとってこれらの実践の収穫は、「マスメディアと市民の関係」と酷似している社会の仕組みが、身近なところに多々存在していると気づかされたことだ。だれでも日常的に接していながら送り手と受け手に大きなギャップを存在させてしまった分野は、なにもマスメディアばかりではない。医療・教育・法律・科学技術といった分野もきわめて似かよった問題点をもっている。いずれも現代社会の進化のなかで、構造的な病巣が噴きだすように現れてきた分野ではないか。

このような分野が、はじめからギャップをもっていたわけではない。もともと村のような原始的なコミュニティのなかに自然に発生した仕組みだったはずだ。毎日健康に生きたい、具合の悪さを楽にしたいとコミュニティに伝えられた知恵で医療行為はおこなわれ、豊かなコミュニティを次世代に引き継ぐため、生活の知恵や文化を受け継いでいく仕組みが生まれる。同じように掟(法)が生まれ、情報を共有するために、広報の仕組みが生まれていった。こう考えることは、想像に難くない。私はこのような仕組みを、広い意味でコミュニケーションを生みだすメディアと考える。

しかし、このような仕組みが職業化して高度に発達していけばいくほど、それぞれの分野の送り手は特殊化し、独自の言葉をもって一般社会から乖離していった。こうした分野にメディア・リテラシーの考え方が有効だろう。医療サービスの提供者と利用者、教育における学校と家庭、法律家と一般市民など、これらのあいだに回路をつくり、両者の関係性を回復していく一助となるはずだ。しかし、一面的にメディア・リテラシーを応用すると、受け手が送り手を攻撃する武器のようにとらえられ、送り手はかたくなに閉じて、両者の関係は改善されない。私たちはこの実践でそれを学んだ。メディア・リテラシーの言葉をふりかざした一方的な送り手批判は、状況を一時的には改善しても、両者の関係性を根本的に改善するものではない。

乖離した分野に、もし、あえて「敵」をあげるのであれば、高度に発達してきた仕組みのなかで、自分自身に刷り込まれ形成されてきた「たがいをとらえる固定観念」かもしれない。送り手と受け手はたがいの交渉や関係性のなかで変化する。この関係性を改善する障壁となるのはつねに、私たちのなかに刷り込まれた「正しいあり方」という「固定観念」である。それぞれの分野の特性を問いなおし、両者のあいだに循環する回路をつくって、変わっていく関係性を追い求めつづけることこそ、私たちがいま、おこなわなくてはならないことである。私はこんなダイナミズムが、メディア・リテラシーのなかに隠されていると信じている。

すべてのメディアは、私たちの豊かなコミュニケーションを生みだし、いきいきとしたコミュニティを形成していくために存在しなければ意味がない。

松本美須々ヶ丘高校を去る

私の松本美須々ヶ丘高校在職期間も、九九年三月で八年になっていた。当時、長野県高校教員の人事異動要項は、一校在職期間の上限を九年と定めていた。転勤は公立高校教師の性《さが》である。

一連の教育実践を進めながらも、いつ後任に託して松本美須々ヶ丘高校を去るか、そのタイミングも考えなければならなかった。日々の校内放送から放送コンテストへの参加、入学式・文化祭・卒業式を生徒会と放送部が中心になって制作していく実践、さらにメディア・リテラシーの実践をおこなっていれば、「ここで終わり」という明確な区切りをつけることなどできるはずがなかった。

私は時間切れで転勤するより、この年を一連の実践のある到達点として「ひとつのくぎり」としてもよいと考えていた。メディア・リテラシーの実践も新しい領域に踏み込み、七年間続けた「卒業生が三年間をふり返る手づくりの卒業式」も、会場を文化会館に移して三年、この年は一般公開をおこなった。実践上はひとくぎりにしてよかった。

「しかし、一、二年生の放送部員は……」。そう悩んでいるところに自分の子どものことや、いままでともに実践してきた仲間が一気に転勤する年度となったことなど、いくつかの要素が加わって、年度もおし迫った九九年二月に、転勤する決意をした。

放送部員に手伝ってもらい、八年間にたまった書類や教材を一週間かかって整理した。荷物は軽トラック一台分になった。

「新しい高校でも放送部を始めるんですか」

少し不安そうな徳武が言った。

「当分は、制作過程ではなく家庭を大切にするよ」

私は、本気だった。軽トラックの後輪をギシギシいわせながら、松本美須々ヶ丘高校の校門をぬけ、新任地の高校に向かった。

エピローグ　十年めの放送部・保護者同窓会

松本サリン事件から十年、私が松本美須々ヶ丘高校放送部を去って五年が過ぎた。

二〇〇四年四月三日、久しぶりに、「テレビは何を伝えたか」制作から授業実践に関わったころの保護者の皆さんが集まることになった。放送部保護者ＯＢ・ＯＧ会である。子どもたちの年齢でいうと二十五歳から二十歳くらい、大学をでて就職した部員から、まさに就職活動まっただなかという元部員のお父さんやお母さんだ。

私は、風化の激しい松本サリン事件について事件後十年の年に、放送部の卒業生をふくめて何かすべきだと考えていた。この問題に関わった者としての使命のようにも感じていた。そのことで、最初のラジオ版証言集の制作に携わった渡辺智史のお母さんに電話したときのこと。

「先生、子どもたちは置いておいて、久しぶりにその企画の話をしながら保護者で集まりませんか」

「ご迷惑じゃないですかね」

「とんでもない、声をかけてもらえば、きっとたくさん集まりますよ」

という話になった。半分「大丈夫かな」と心配していたが、各学年の連絡網で一気に日程調整が進み、松本サリン事件十年めの「放送部・保護者同窓会」開催となった。

保護者も元部員仲間のように

学年によっては、保護者の会が毎年続いていて、一週間まえに集まったばかりという学年もあったが、それでも三十人弱の皆さんが足を運んでくれた。

私にとっても、放送部の保護者の皆さんは特別な存在である。ともに戦った「仲間」であり、言葉は悪いが「戦友」のようなあいだがらと感じている。おそらく多くのお父さん・お母さんも同じ感覚なのだろう。おたがいに、頼まれると「なんとかしなくては」と意気に感じてしまうところは、在学中もいまも変わりなさそうである。今回もそんな感覚で集まってくれたにちがいない。ありがたいことだった。

午後五時、「お久しぶりですね」と会場に入っていくと、縦に長く設置されたテーブルに学年ごとのグループで、当時の話や子どもたちの近況話に花が咲いていた。

「卒業してから、保護者の同窓会ができるなんてうれしいですね。電話をすると、『いい機会をつくっていただいて』と言われましたよ」

看護師をしている幹事の伊藤綾のお母さんが、会費を集めながら話してくれた。

「ほかの用事と重なって参加できずにとっても残念だと伝えてほしいという人もいました。その人たちのために、またやりましょうか」

在学中からこのような会にご夫婦で参加してくれる家庭も多く、今回も三組ほど出席してくれた。

お父さんの存在も本当にありがたかった。

懇親会が始まるまえに、松本サリン事件十年に関する企画のことについて、私が考えている内容と、無理のない範囲で参加していただきたいことを話した。松本市内のおもだった会場がふさがっていて、高体連の北信越大会と重なっているため高校の体育館もとれず、信州大学の講義室になる可能性をお話ししたとき、「最大で三百五十人くらい入れる会場がありますね」と、信州大学の事務をしていた渡辺さんが、補足してくれた。

「十二年まえになりますが、信州大学の学生が、麻原彰晃を呼んで講演会を開きましたね」

「そうでしたよ。私は学生課の仕事をしていて、上司から学生のようすを見てきてほしいと言われ、講演会がおこなわれている教室に行きました。なかに入ると、あの衣装を着た教祖と、その周りに弟子たちがとりまいていて、なんと表現したらいいかわからないんですが、異様な光景でした。心臓がどきどきしました」

当時のようすが鮮明に残っているのだろう、その話が続いた。

「二月二十七日、教祖に対する一審の判決がでたときの報道をどう思われましたか」

「河野さんがどのチャンネルにも出演されていましたね」

教祖一審判決——この十年、マスメディアは変われたか

「判決が言い渡されました……」

私は二〇〇四年二月二十七日、テレビで報道される特別番組をずっと見ていた。地下鉄サリン事

件の状況、被害者の現状、報道被害にあった河野義行氏、教団脱退者のインタビューなどを組み合わせて流していた。私には、どのチャンネルも同じようなトーンに見えて、「また横並びの報道か」と腹立たしかった。

鳥インフルエンザの感染を知りながらニワトリを出荷した、浅田農園の浅田会長を自殺に追い込んだのは、マスメディアにも責任があると思っていた。通報を遅らせたことは、もちろん責められてしかるべきだ。しかし、社会正義の名のもとに記者やマスメディアが、被取材者を責めてはいなかったか。ましてや、報道陣が四六時中追いまわし、負荷をかけてはいなかったか。たとえ犯人であったとしても、マスメディアに被取材者を裁く権利はないのに、その姿は十年まえと何が変わったというのだろうか。

松本サリン事件を取材した記者たちは、この現状をどのように見ているのだろう。判決から数日後に当時の記者のひとりと会った。

「九・一一のあと、マスメディアの自己規制が強くなりました。それに十年まえの松本サリン事件当時以上に、記者にゆとりがなくなって、何のために何を伝えるか考えている暇がないんですよ。だれに向けたメッセージを流しているのか疑問に思うときが……。イラクへの自衛隊派遣をふくめて、戦争報道で言えないことが多すぎます。十年……何も変わっていません。さらに悪くなったかな……」と、言葉を詰まらせた。

「ニュースステーション」が終わり、『噂の真相』が終刊となった。十年まえの松本サリン事件のときには、マスメディア全体が同じ方向に向かい、その横並びの報道が問題を大きくした。当時そこに疑問をはさみ込んだのは、報道系のワイドショーだった。いまはこのようなワイドショーさえ少なくなり、その他の雑多な視点はインターネット上に移っていった。しかし、インターネット上で語られるのと放送されるのでは、メディアの特性が異なる。「もしかしたら違うかもしれない」という一見あまのじゃくに見える視点に、じつは大切な真実が隠されていることもある。もっとさまざまな視点が提示できるテレビメディアの環境が必要だと思うのだが……。

この十年、報道の多様性が失なわれるなかで、マスメディアと市民のあいだの乖離は、残念ながら大きくなったように思う。テレビは見るがニュースを見ない、また新聞自体をとらない若い世代が増えている。「メディア・リテラシーの取り組みとして、ニュースの読みとり方を」と言うまえの課題かもしれない。報道から離れていった若者を呼びもどすためにも、まずニュースの送り手と受け手の対話の場をつくっていかなければならないのだろう。そう考えている私の脳裏に、信越放送の中島さんの顔が浮かんだ。

証言集制作にあたり、要所要所でぶつかった。私たちにとってきびしい対応も多かった。しかし、確かに言えるのは、どんなに忙しくても、中島さんは私たちとの話しあいを断らなかったし、最後まで完全に拒否したり、無視したりすることもなかった。いつも本質的なことを話し、その関係性のなかで、中島さんに対する私たちの印象も変わっていった。

「送り手と受け手の対話の場をデザインする」。これからの大きな課題かもしれない。

「皆さんの健康と久しぶりの再会に、乾杯」

幹事である伊藤綾のお父さんの発声で、懇親会が始まった。会場は一気にやわらいだ。部員在学中はなにかと集まる機会も多かったとはいえ、学年が五年も離れると、おたがいの顔がわからない人たちもいる。それぞれの近況報告が始まった。

「長崎美子の母です。娘は二十五歳になりました。大学をでて織物の専門学校に入りました」

「二十四歳になった娘は、現在CM制作会社に入り、AD（アシスタント・ディレクター）の仕事をしています。苦しい仕事に同期入社では自分しか残らなかったが、それでも放送部の苦しさに比べればあまり大変だと思わないので、私は大丈夫だと言っています」と、勝野恵子のお母さんが話す。放送部のほうがきびしかったという言葉にどっと笑いが起こって、同じ番組制作系の仕事についた小林美鳥のお母さんがそのあとに続いた。

「毎日、昼も夜もなくADの仕事に没頭しているようです。遊びにいった妹に言わせると、姉は『ADが天職』のようで、楽しんで仕事をしていると報告してくれました。あっという間に流れる娘の名前のテロップを録画する『親ばか』を、いまもしています」。エキストラに父と妹がデビューしたと、うれしそうに話していた。

以前は番組制作の職につく部員は少なかったが、この実践に関わった部員は、制作関係の就職が多い。なかには報道系の制作会社にいる者もいて、まさに昼夜なく働いている卒業生もいた。

販売や金融関係の総合職についた部員もいる。

「放送部のときの長時間の部活や、きびしさを体験したおかげで、どこで何をやっていてもなんとかしていくだろうと思い、年に二回くらいしか家に帰ってこなくても心配しないですね」。高校のとき子離れできて親子ともよかったと、宮野育恵のお母さんがしみじみ話してくれた。

「安坂千恵子の父親です。いちばん印象に残っているのは演劇のチケット売りでした。死にものぐるいで、いろいろなところをまわって売りましたよ」

地域住民を戸別訪問した部員たち

松本サリン事件から五年めを迎えようとしていた九九年だった。ビデオ証言集「テレビは何を伝えたか」を原作とする演劇「NEWS　NEWS　テレビは何を伝えたか」（平石耕一作、西川信廣演出）を、東京芸術座と共同制作した。部員は上映会や論文で、私は二十年ほどやってきたステージメディアを使って、それぞれ知りえたことを伝える活動に取り組んだ。大町市文化会館で初日の幕をあけた劇はこの年、高校芸術鑑賞として十九ステージを上演、六月十八日の松本市民会館では一般公演も予定していた。一般的に演劇の公演は「手売り」（プレイガイドを通さずに関係者が知人や観賞したい人に直接販売する方法）が主流である。松本子ども劇場や松本市民劇場にも協力を求め、東京芸術座の団員も販売促進のために松本へ入ったものの、いちばん販売したのは松本美須々ヶ丘高校の放送部員と保護者の皆さんだった。

「あのときはありがとうございました」

「二十枚預かって、ほんの数枚残しましたかね。あのときはがんばりましたよ」

そのとおりだろう。よく知られている演目や名作を上演するわけではないのだから、そう簡単にチケットが売れるものではない。最初、部員たちの販売は好調とはいえなかった。珍しくおおぜい入部した一年生にとっては、最初から難関だった。部長の徳武真人をふくめて三年生が相談し、「チケットは売れなくても、自分たちがおこなっている活動を地域の人に知ってもらうことが大切だ」と、それまで数年間の実践をレジュメにまとめ、ゴールデンウィークで帰省した先輩たちに話を聞く学習会もおこなった。

こうして、地域の人の声を聞きながら「送り手と受け手の関係を考える演劇」について紹介する戸別訪問が始まった。地元のテレビ局がこのローラー作戦をニュースで紹介したこともあり、意識調査とチケット販売を組み合わせた取り組みは、部員にとっても励みになっていった。そんな地道な取り組みの成果として、チケットの売り上げは七百枚を超え、部員たちは自分たちがおこなっている活動の価値を再認識していった。当日の入場者数は約八百人。初演を東京以外でおこなう演劇としては、大成功だった。こうして九九年に松本で初演された劇は、少しずつ修正しながら二〇〇一年の長野地区公演へ、続いて東京公演となる。東京公演の観客の反応はとてもよく、とくにマスメディア関係者の反応がよかったことに胸をなでおろした。

再会を約して

「ところで、先生はいま、どうしているのですか」

「今度は私の番ですね、近況報告をします」

松本美須々ヶ丘高校を去ってからのことを、少し時間をかけて話した。

私は、松本から上高地のほうへ電車で二十分ほど行ったところにある梓川高校に転勤した。しかし、その年、NHK「教育トゥデイ」などを通じて知りあった東京大学大学院の水越伸氏、山内祐平氏などから「メディア・リテラシーに関する実証的な研究プロジェクトを立ちあげるが、それに参加しないか」と誘われて参加することになる。最初、本音を言うと興味はあったが、プロジェクトの役にたてるかどうか自信はなかった。しかし、数か月やりとりをするなかで、一緒にやるプロジェクト・リーダーの方々の人柄にもあと押しされて、自分がおこなってきた実践を問いなおし、深める意味でも参加することを決めた。そのプロジェクトが、東京大学大学院情報学環に設置されたメルプロジェクト（MELL PROJECT＝Media Expression Learning and Literacy Project）、「メディア表現・学びとリテラシープロジェクト」である。現在、六人のプロジェクト・リーダーのひとりとして、メディア・リテラシーについて試行錯誤を続けている。

「うちの子どもは、大学に行っても先生のところでお世話になっています。これからのこともお任せしましたので、よろしくお願いしますね」。内川奈津子のお母さんがいたずらっぽく話した。内川は、大学に入ってからプロジェクトのメンバーになって活動している。二〇〇一年一月におこなったメルプロジェクト立ちあげのシンポジウムでは、この本に記した内容の「メディア・リテラシー・クエスト」と題した実践報告をおこなった経緯もあり、元放送部員も、内川のほか数人がメルプロジェクトに参加していた。

「私たちの学年は、そば打ちの先生をしてる有井さんの『そば処・井川城』に毎年集まっています。

うちのお父さんは、有井さんのそば打ち教室に二年間も通ってるんですよ」と、夫婦で参加された矢久保飛鳥のお母さんが話すと、「いやあ、はまっちゃってね。そばは奥が深いですよ」と、頭をかきながらお父さんが続けた。お父さんは町でラクビーのコーチをするなど、多彩な趣味ももっていた。

「今度、皆さんでそば打ちの講習会をしませんか。有井さん、いいですよね」

「いいですよ。皆さんのためなら、しっかりやらせてもらいます」

「そのまえに食べに行きたいですね」……

話題はつきず、「放送部・保護者同窓会」は盛りあがっていった。

「それでは、六月二十六日ですか。松本サリン事件十年のシンポジウムなどの幹事を、渡辺さんにお願いして、きょうはお開きにします」

帰りぎわに安坂千恵子のお父さんが、にこにこしながら声をかけてくれた。

「先生、今日の意図はわかったからね。二十六日に友だちを連れて参加しろ。こういうことですね。応援しますよ」

外は、霧のような春雨が降っていて、気持ちよかった。

あとがき

　きょうは早朝から、どのチャンネルも（日テレを除いて）、小泉首相の二度めの訪朝のニュースと関連した報道特集ばかりを流している。大きな事件やイベントがあると、地上波はいつもその事件一色になる。私は、このあとがきを書くためにテレビのスイッチを切った。

　一九九六年、松本サリン事件の担当記者を取材しはじめたときから、切実な思いで応えてくれた「記者の言葉」と「作品制作の実践」を文章としても残したいと考え、経過とインタビューはできるかぎり文字に起こしていた。しかし、証言集の本の企画は、数社の出版社と交渉したが「現役の記者ですか……」と断わられた。その後、作品制作のノンフィクションとして方向性を転換し、紆余曲折を経て太郎次郎社と出会ったのが、松本サリン事件から十年めとなる二〇〇四年二月のことだ。出版もまた長い道のりだった。

　ここに記したのは、マスメディアに対する一方的な批判を乗り越え、その特性を理解しながら送り手と受け手のあいだに回路をつくる教育実践であり、実践する当事者が「伝え、伝わる」ことの本質を発見していくドキュメンタリーでもある。私もまたその輪のなかにいて、取り組みを通じさまざまな立場の人と出会い、協働し、メディア・リテラシー実践に挑戦してきた。それ自体が知的で刺激的な仕事であり、出会った皆さんが私の財産ともなった。しかし、心のどこかに「いったい私は何をしているのか」という不安がつきまとっていたことも事実である。実践を進めるたびにメディアの概念が広がっていき、社会の構造そのものを問題としなければならなくなっていったからだ。原稿を改稿していく数か月間は、そんな不安を払拭して自分のこれからの立ち位置を確認する作業だったように思う。やはりいま、子どもたちの基本的なコミュニケーションの力を高めるために、広い概念の「メディア教育」が必要な時代なのだと再認識した。

本書には、これまで発表した原稿に手を加えた部分がふくまれる。第二章は『メディア・プラクティス』（水越伸・吉見俊哉編、せりか書房）に執筆した「松本サリン事件と高校放送部」を、第四章は『放送文化』（二〇〇〇年三月号、NHK出版）に発表した「高校放送部のメディア・リテラシー体験」を下敷きにして、部員の活動のようすを大幅に加筆した。部員たちの「顔」が少しでも伝わっただろうか。

この本はさまざまな方の思いで世にでることになった。まず、報道の問題点を教訓として残したいと願い、取材に応じてくれた記者の皆さんに敬意を表したい。放送局の内部についてまったくわからぬまま投げかけた質問にも、真摯に応えていただいた。また、企画当初から貴重なアドバイスと温かい応援をいただいた境真理子さん、菅谷明子さん、水越伸さん、山内祐平さんをはじめメルプロジェクトのメンバー、教育実践という視点で出版への道をひらいていただき編集にも携わってくれた赤羽高樹さん、最後まで読者に届く表現方法について細やかな示唆と編集をしていただいた太郎次郎社エディタス代表の北山理子さんには、本当に心から感謝している。

現場の教員として知識や指導技術も人並み以下の私がこの実践を続けられたのは、いつもまわりに放送部員がいたからだ。私にとって、彼ら高校生がつねに社会との接点であり、自分と社会とをつなぐメディアだった。実践に没頭するわがままを許してくれた家族、そして放送部員のみんな、私を育ててくれてありがとう。

松本美須々ヶ丘高校の八年間、ひたすら我慢の前半戦、そして後半は暴風雨のような五年間だったが、自分を深めてくれた時間であったことを、放送部に関わった部員や保護者の皆さん、また顧問団としてチームを組んだ仲間に心から感謝している。

これまで試行錯誤し悩みながら展開してきたこの試みが、今後、この分野の新しい実践の踏み台となることを願う。

二〇〇四年五月二十二日　常念岳が見える書斎にて

林　直哉

松本サリン事件と報道の経過

参考文献＝河野義行『「疑惑」は晴れようとも』

一九九四年………

六月二七日　二二時四〇分　サリン散布される。河野家の犬二匹死亡
河野義行さんの妻、澄子さん意識不明
二三時〇九分　一一九番通報
二三時一四分　救急車、河野家に到着、協立病院へ搬送
二三時三〇分　協立病院へ到着。澄子さん集中治療室へ
二四時　松本市北深志の現場付近から多くの患者が搬送される（死者七人）
おびただしい数のヘリコプターが松本市上空を飛ぶ

六月二八日　朝方　入院中の義行さんを刑事が訪問……家の窓の状態、物音、時間の三点について聞く
病院へ刑事訪問……義行さん、最悪な体調で聴取ことわる
午前中　警察、現場検証
一一時　長男仁志さん、事情聴取……薬品の置いてあった納戸と物置を案内
昼過ぎ　池のまわりの木々が枯れているのを発見
マスメディア対策で池に「立入禁止」のロープ張られる
一八時　被疑者不詳のまま強制捜査始まる
……松本警察署と長野県警は河野家を被疑者不詳のまま殺人容疑で家宅捜索
化学薬品類数点を押収
二二時　長野県警捜査一課長、記者会見
……「第一通報者である会社員宅を被疑者不詳で家宅捜索、捜査令状により薬品数点を押収した。
罪名は殺人」とコメント発表
夜遅く　義行さん、個室病室に移動。松本警察署長と刑事が訪問

六月二九日　夜明け　家宅捜索、一時的に終了。ひきつづきこの日、家宅捜索再開
早朝　義行さん、早朝から事情聴取
この日、各メディアがいっせいに「第一通報者宅を、被疑者不詳の殺人容疑で家宅捜索」と報じる

	新聞報道 朝刊	「惨事　なぜこんなことを　数種類の農薬混合か」（信濃毎日） 「会社員宅から薬品押収　農薬調合に失敗か　松本ガス中毒」（朝日） 「ナゾ急転　隣人が関係　悲劇招いた除草剤作り？　自ら通報　薬品会社に勤務歴」（朝日） 「松本市のガス中毒　通報の会社員宅捜索　薬品数点を押収　捜査本部」（読売） 「住宅街の庭で薬物実験!?　松本ガス事故　押収薬品『殺傷力ある』」（読売） 「第一通報者宅を捜索　調合『間違えた』　救急隊に話す　薬品類を押収」（毎日） 「『オレはもうダメだ』座り込む会社員　症状訴え救急隊員に　以前から薬品に興味」（毎日）
	夕刊	「会社員関与ほのめかす　家族に『覚悟して』　薬品20点余鑑定急ぐ」（信濃毎日） 「原因特定へ捜査詰め　危険物扱う資格者　知識豊富な通報の会社員」（信濃毎日） 「松本ガス中毒、押収薬品　青酸カリなど20種」（朝日） 「雨の深夜　不審な調剤　動機は？深まるナゾ　素人の調合に危うさ」（朝日） 「松本市の農薬中毒　通報の会社員を聴取　押収薬品、20点余」（読売） 「納戸に薬品二十数点　以前から収集か　重過失致死傷容疑　会社員を聴取へ」（毎日）
六月三〇日	新聞報道	「松本市の有毒ガス　調合ミスで発生　長野県警、見方固める」（朝日夕刊） 「松本の有毒ガス　池から高濃度リン化合物　会社員宅シアン系は検出されず」（読売朝刊） 「樹木に薬品、効き目なく『自分で希釈中ガス』　松本のガス中毒死　会社員が供述」（毎日夕刊）
	義行さん、永田恒治弁護士と面会 ……「私を犯人扱いしているテレビがあるようだが、すぐに名誉毀損で訴えたい」と話す	
七月一日	新聞報道	「（会社員が弁護士に）直接関与を全面否定」と信濃毎日新聞、朝刊で小さく報道
	義行さん、永田弁護士と面会……事件発生の状況を説明	
七月三日	九時	定例会見を一時間早めて捜査本部記者会見「原因物質はサリンと推定」
七月四日	新聞報道	「市販薬でも作れる猛毒　知識や経験あれば可能　サリン材料、難しい販売規制」（朝日朝刊） 「神経ガス『サリン』検出　押収品に触媒物質　捜査本部死因断定　入院会社員聴取へ」（読売朝刊）
七月一五日	新聞報道	「松本の毒ガス　薬剤使用ほのめかす　事件直後に会社員　退院待ち、近く聴取へ」（読売夕刊）

七月二二日　六日～二一日まで中断されていた病院内の事情聴取再開
七月二九日　義行さん、松本警察署の警部と退院後の出頭について話す。出頭を要請される
七月三〇日　早朝
　　義行さん退院。退院直後、永田弁護士事務所で事件関与否定の記者会見をおこなう
九時三〇分～
　　松本警察署に行き、事情聴取を受ける
　　……聴取は二時間が限度という医師の診断書を提出したにもかかわらず、
　　　事情聴取は一六時過ぎまでおこなわれる。ポリグラフ（嘘発見器）が使用される
　　自宅では、長男仁志さんも事情聴取
夕方
　　義行さん、ようやく帰宅。自宅は記者らで包囲される
七月三一日　一〇時～
　　義行さん、事情聴取を受け自白を強要される（～一六時三〇分）
　　その後、警察から協立病院に立ち寄り、澄子さんを見舞って帰宅
八月六日～　義行さんは自分の潔白、警察の捜査は見込み違いであることをマスメディアに理解してもらうために、まずテレビメディアの取材を受け入れる
　　テレビ朝日、昭和大学黒岩教授の取材、以後テレビメディアの取材を積極的に受ける
九月六日　信越放送で特別番組「サリン深まる謎」が放映……義行さんに疑惑ありと受けとれる内容
九月一〇日　義行さんはテレビメディアから新聞メディアに対象を転換
　　……永田弁護士の「中央の警察情報に強い読売新聞の取材に応じて方向転換を促す」という判断で、
　　義行さんはまず読売新聞から取材を受ける。以後、新聞メディアの取材を積極的に受け入れる
九月一五日　地元・松本の市民有志による「マスコミ報道のあり方と警察捜査の問題点を考える」集会
九月二七日　読売新聞朝刊特集「松本サリン事件から三か月　だれが、なぜ…晴れぬ『ナゾの霧』」
　　……会社員関与説から大きく転換し、事件をいったん白紙に戻して解明していく趣旨の記事であった
　　これが契機となり、全国紙のスタンスは「河野氏＝犯人」という見方から、
　　事件を調べなおしてみるという方向性に転換していく

一九九五年……

一月一日　読売新聞「サリン残留物を検出　山梨県の山ろく『松本事件』直後」（朝刊一面）
二月六日　義行さん、社会復帰のめどがたったという記者会見を開く
三月三日　義行さん、日弁連人権擁護委員会に人権救済申し立て

三月二〇日　義行さん、信濃毎日新聞社を提訴
三月二二日　地下鉄サリン事件発生
　　　　　　オウム真理教を強制捜査
四月二〇日　雑誌『ＡＥＲＡ』の取材をきっかけに朝日新聞社が義行さんに謝罪、このあと六月一三日まで
　　　　　　新聞各社の謝罪が続く。謝罪記事にくわえ、冤罪報道の検証記事を掲載する新聞社もあった
五月一六日　麻原彰晃・オウム真理教代表を松本サリン事件で再逮捕
五月三一日　永田弁護士、民放各局に内容証明郵便で「第一通報者を犯人視する報道の有無」を照会する文書送付
六月一日　　捜査当局「松本サリン事件をオウム真理教の犯行と断定」
　　　　　　信越放送が謝罪
六月二日　　信濃毎日新聞、一面に「河野さん、事件と無関係」と謝罪記事掲載
　　　　　　義行さん、信濃毎日新聞社の謝罪を受ける
　　　　　　日本テレビが謝罪、テレビ局各社の謝罪が続く
六月一九日　野中広務自治大臣・国家公安委員長と義行さんが面談し、野中氏が「人間として政治家として」謝罪
九月　　　　松本美須々ヶ丘高校放送部「報道について」作品制作開始

一九九六年……
松本美須々ヶ丘高校放送部による取材スタート。以下は、その経過
二月四日　　河野義行さんインタビュー
二月九日　　事件当時の松本県ケ丘高校教頭、松本深志高校教頭インタビュー
三月一八日　ＮＨＫ長野を皮切りに各局記者の取材開始
～六月　　　長野県にある五局（ＮＨＫ含む）についておもに現場記者を二度ずつ取材、インタビュー
　　　　　　河野仁志さん、河野真澄さん、河野義行さんにインタビュー
七月　　　　ラジオ版音声作品「テレビは何を伝えたか」完成

一九九七年　ビデオ版「テレビは何を伝えたか」制作へ向けて各局報道部長をインタビュー～作品制作、完成へ

一九九八年　一月、第二〇回東京ビデオフェスティバル（大賞受賞）

●本書で紹介した「テレビは何を伝えたか」作品視聴については、
長野メディア・リテラシー研究会 ウェブサイト http://mlnagano.dip.jp/ を参照してください。

●参考文献
河野義行『「疑惑」は晴れようとも』文藝春秋、一九九五年
磯貝陽悟『サリンが来た街』データハウス、一九九四年
磯貝陽悟『推定有罪』データハウス、二〇〇〇年
永田恒治『松本サリン事件』明石書店、二〇〇一年
水越伸・吉見俊哉編『メディア・プラクティス』せりか書房、二〇〇三年

●著者紹介
林 直哉（はやし・なおや）
一九五七年、長野県生まれ。高校教師。長男出産時のトラブルから、「ふつう」「みんな」という言葉に疑問をもつ。以後、放送部活動に関わり、だれでも知っているが簡単に答えられないテーマを生徒とともに掘り起こし、作品化してきた。学校づくり、コミュニティづくりの基盤として、生徒会と放送部の可能性の広がりに力を注ぐ。演劇「NEWS NEWS」「長野版オペラ魔笛」などステージ表現のプロデュースもおこなう。二〇〇〇年から東京大学大学院情報学環に設置されたメルプロジェクトにリーダーのひとりとして参加、〇三年度より同機関に派遣され、メディア教育の可能性を研究している。長野メディア・リテラシー研究会事務局長、梓川高校教諭。
共著に『表現者の自由――映像の力と責任をめぐる対話』（日放労編、現代人文社）、『メディア・プラクティス』（水越伸・吉見俊哉編、せりか書房）、『報道は何を学んだのか』（岩波ブックレット）。

ニュースがまちがった日

高校生が追った松本サリン事件報道、そして十年

二〇〇四年七月七日　初版発行
二〇〇四年十一月十五日　第二刷発行

著者……林 直哉＋松本美須々ヶ丘高校・放送部
デザイン……沢辺 均（スタジオ・ポット）
カバー作品……松本 樸
発行……株式会社太郎次郎社エディタス
東京都文京区本郷四丁目三—四—三階　郵便番号一一三—〇〇三三
発売……株式会社太郎次郎社
東京都文京区本郷四丁目三—四—三階　郵便番号一一三—〇〇三三
電話〇三—三八一五—〇六〇五　電子メール tarojiro@tarojiro.co.jp
出版案内サイト　www.tarojiro.co.jp/
印刷……モリモト印刷株式会社（本文印字と印刷）＋株式会社文化印刷（装幀）
製本……株式会社難波製本
定価……カバーに表示してあります。
ISBN4-8118-0714-6

発売●太郎次郎社

学ぶことを学ぶ

里見 実●空洞化した「教え」や「学び」を根底から問いなおし、新しい学びのイメージをどのように創出するか。言語を通し、身体を媒介にして世界に働きかけ、自らのアイデンティティを打ち立てるための「学び」とは。いま、学校がその追求から再出発するために、大学での若者の学び発見の実践を提示する。●四六判上製・二〇〇〇円＋税

生きなおす、ことば

書くことのちから──横浜 寿町から

大沢敏郎●ドヤ街・横浜寿町。この町の一室に識字教室がある。教育の機会を奪われ、読み書きができないために地を這うように生きてきた人、出稼ぎのために渡日した人、そして、教育を受けることで自分のことばを失った若者。それぞれが寿町から、いま・ここから生きなおすための渾身のことばを綴る。●四六判並製・一八〇〇円＋税

マルチメディアと教育

知識と情報、学びと教え

佐伯 胖●いまや家電となったパソコン、学校に導入されるIT教育、携帯電話とメール主流の子どもたちのコミュニケーション……。教育はコンピュータをどう取り入れるか。「情報＝知識」という勘違いから転換するマルチメディア時代の「学び」とは何か。創造的な情報「再編集力」がきめてとなる。●四六判上製・二〇〇〇円＋税

インターネットの不思議、探検隊！

村井 純著 山村浩二絵●だれもが知っているようで知らないインターネットの仕組みと本質、その未来。ネットの特性は何か、強みと弱点は？ 童話仕立てで不思議の国を探検しながら、謎がつぎつぎに解明されていく。これからのネット社会を生きる子どもから大人まで、ワクワクの絵本よみもの。●A5判上製・一九〇〇円＋税